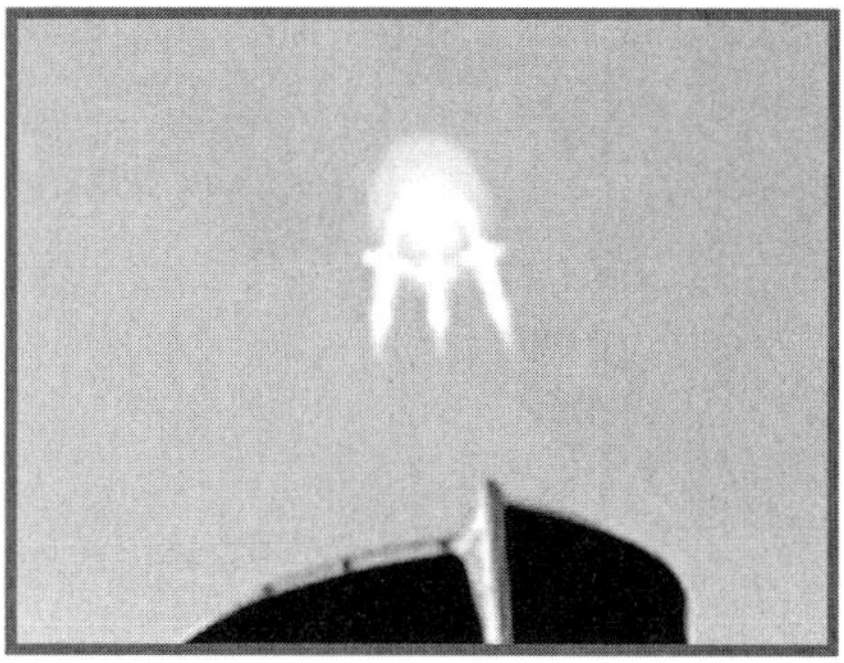

エイリアンから日本人へ

神世三剣ＵＦＯが最終戦争への勝利を告知した

斎藤敏一

日本建国社

はじめに

筆者は毎日ユーチューブを見る。日本や世界の現状がどうなっているのかを知り、これからの日本と世界に何が必要かを考えるためである。

今筆者が特に関心を持っているのはＵＦＯや宇宙艦隊ものである。ＵＦＯ、宇宙艦隊のいずれも現実であって、誰でも動画を見れば、それらが実在することを認めざるを得ない。そういう時代になっているのだ。

筆者は２０２３年４月初旬、偶然に不思議なＵＦＯ動画を視聴することになった。その動画とはユーチューバーRapi TVさんの「神世三剣ＵＦＯ」（カバー参照）である。本書はその動画に触発されて完成した作品である（詳細は第四章）。

筆者はプログラマーとして数十年間仕事をしてきたので、現在の技術というものはある程度分かっているつもりである。重要なのは、技術をどう組み合わせてどういうものを作って提供するかであるし、技術者が作ったものでみんなが幸せになるかどうかである。

ＵＦＯ&異星人と言えば、先ず思い浮かぶのがフリーエネルギー技術である。異星人の社会ではフリーエネルギー技術は当たり前なので、地球のようなエネルギー問題は存在しない。

そういうわけで、そろそろフリーエネルギー化社会に向けた技術的提案が出てきても良さそうだと思っている。ところが、ユーチューブという動画の世界を検索しても、その種の提案は意外に少ない。あるにはあるのだが、以下のような例外を除いては、後に続こうとする人がいない。

既に異能の天才ニコラ・テスラが、優れた地球社会のモデルを世界システムとして提案している。現代では、スティーブン・グリア博士がフリーエネルギー化社会のビジョンを発信中である。

超能力者として知られ、独自の活動をしておられる秋山眞人氏は、UFOに乗せてもらって宇宙の色々な星に招待され、異星人の社会を見聞してこられたようだ（秋山眞人・布施泰和『Lシフト スペース・ピープルの全真相』ナチュラルスピリット、2018年）。あいにくながら、筆者にはその種の体験が皆無なので、氏の体験のすべては理解できない。だが、氏の学びの内容に関しては「素晴らしい！」と同意できる。

ここからは微妙な話となる。

筆者は「秋山氏は我々が向かうべき世界のモデルとなる世界を見てきたはずだ」と勝手に思い込んでいた。だが、その思い込みは間違っていたようだ。

宇宙人の社会には我々地球人が見習うべきモデル（＝雛型）は存在しなかったのだ。「結論を下すのが早過ぎる」と怒《おこ》られそうだが、「モデルとなる世界」に関してはドンピシャリの情報はなかった。筆者は自分が求める情報を探すべき領域を間違えていたようである。

筆者は秋山氏のUFO体験や宇宙人情報について大部分納得しているのだが、氏が語る「（Lシフト＝真性アセンション」の時期と内容に関しては、筆者の理解力不足なのだろうが、不明点が残った。「（Lシフトは）2020年ごろまでには終わってしまう感じがします」（P235）と語っていたが、そういう出来事が本当に起きたことなのかどうか筆者には判定できなかった。秋山氏が語る内容は凡人にはなかなか難しく、判断保留の部分がどうしても残ってしまうのである。

そこで筆者は考えた。

来るべき地球社会のモデルは宇宙ではなくて、足下《そっか》＝この日本に求めるべきではないか。

一体全体、日本にそんな大層なものがあるのか……。

＊　＊　＊　＊　＊　＊

ユーチューブ動画の話題をもう一つ。

それは参政党の神谷宗幣氏の動画である。筆者は参政党員ではないが、神谷氏の動画は興味があるので時々視聴している。以下は神谷氏の「参政党」動画を視聴して最近特に感じることだ。彼の動画は見ていて辛《つら》過《す》ぎる。何が辛いのか。それは、氏の現在の辛い心境が伝わってくるからだ。

参考：『【参政党】至急備えて！まもなく国民年金が消滅します。年金制度が変更されました。市川猿之助報道の裏で…他　歌舞伎役者　香川照之　神谷宗幣　足立区　加地まさなお　当選　【字幕テロップ付き　切り抜き】』〈https://www.youtube.com/watch?v=82ATyV28p04&t=340s〉

氏は日本政府と日本国民に絶望している。氏は内心では「日本はもう駄目だア……」と思っているのである。だから「辛いよお、こんなことを始めなきゃよかった」という想いが伝わってきて、胸が痛くなる。

神谷氏は踊り出さない日本国民に嫌気を感じて、今にも負けそうになっている。そういう神谷氏の想いがバンバン伝わってくるので、見ている筆者までめげそうになってしまうのだ。

氏は（筆者に比べれば）若いのに、参政党という重荷を背負ってどこに行こうとしているのか?!

神谷氏の動画を見て伝わってくるのは「日本は駄目になってしまう／日本は駄目になってしまった」という悲痛な実感であって、希望は伝わってこない。神谷氏は日本人として、また、国会議員として色々と勉強されているようだし、志も高い。しかし、今にも潰れそうになっているように見える。

「代表の神谷氏がめげそうになっている参政党では日本国民は目覚めないな」と思うし、「民主主義では日本は良くならないな」とも思うのだ。

日本国民は米国による戦後のＷＧＩＰ政策（ウォー・ギルト・インフォーメーション・プログラム。意味は自分で調べてほしい）によって、骨の髄まで国を思わぬ人（昔ならば「非国民」と呼んだ）ばかりになってしまって久しい。それは一朝一夕《いっちょういっせき》では変わるものではない。

日本国民が骨抜きになってしまった期間と同じくらいの期間（＝約七十年間）をかければ、何とか日本国民も国思いになるかも知れない。しかし、それまで日本の国が持ちそうにない。

神谷氏は愛国者なのに大部分の日本国民はついて行かない。日本の現状を見る限り、神谷氏の嘆きと憂いは止《や》みそうにない。「何か抜本的なやり方を考えなければならない」と思う。

筆者が参政党の神谷宗幣氏の演説を視聴して感じた悲壮感は、氏が日本の中核神を感得していないことを裏付けている。氏は「日本を取り戻す」とか「日本の伝統・歴史・文化を学ぶ」と、氏の運営するユーチューブチャンネル Ch Grand Strategy（ＣＧＳ）で情報共有を図っている。ところが、日本の中核神のことは知らないのだ。だから、皇室の発祥についてもその根源が分からず「男系継承」を主張する。

また、「これからは民主主義が力を失って、神意を重視する方向に日本と世界が進んでゆく」ことも明確には分かっていない。参政党がやろうとしていることは、「みんなで日本のあるべき姿を考えてゆこう」ということだ。その方向性は正しいが不動の核心のようなものは伝わってこない。

日本国の不動の核心とは、次の霊的真実である。

日本は天皇に中心帰一した国であるが、全世界が天皇に中心帰一する時が来る。地球全体が本当に幸福になるには、東洋の小さな日本列島だけでなく、全地上に天孫が天降って、全世界を一君《いっくん》統治するようになる時がやって来る。

今や民主主義も資本主義も終わりを迎え、神の世（＝弥勒世）が開け始めている。人為では世界は回っていかなくなって、神意に沿った道を選ばざるをえなくなる時が刻々と近づいてきている。

神の世とは何か。

神意とは何か。

そもそも神とは何か。

筆者は数十年間、この地球の日本という国に生を受けて生命長らえてきたのだが、日本という国を知れば知るほど日本は神国であるという実感を深めている。だが残念なことに、今のところ、筆者はその実感を伝えるための術《すべ》を十分には持っていない。

日本には神と神々が御座《おわ》す。だからこそ日本は神国なのだ。そもそも日本列島そのものが神の身体なのである。当然ながらこの地球も神の身体なのだ。その大地の上に生えてきた生命《いのち》あるものすべてが神なのだ。海辺の砂の一粒すら神なのである（「アジマリカン用語」：「神」を参照）。

日本民族だけが宇宙の中心の神を感得して〝天之御中主神《あめのみなかぬしのかみ》〟とお呼びしていた。「天之御中主神」でユーチューブ動画を検索すると、無数の番組がヒットしてくる。大部分が天之御中主神の御利益にあやかろうとする動画だが、そもそも天之御中主神に直接願いごとをするという感覚が筆者には信じられず、驚くと同時に大いにあきれたのである。半分ぐらいは天之御中主神に感謝するというものだが、この現象は一種の流行となっている様子。時代は変わったと言うべきか……。

世の中は日に日に混乱の度を増し、悪が栄える世となっていることは知っている。日本や世界で今何が起きているかを知ることはとても重要である。筆者はユーチューブ経由でその種の情報を視聴するように努め

＊　＊　＊　＊　＊　＊　＊

ているが、余りにもひどくて希望が感じられない。よって、見るのは辛い。その種の情報をほのめかすことも嫌《いや》である。そういうわけで、本書では主に神や天界のことを話したい。

筆者は神を知っている。だからこういう本を書いているのだが、誰でも神を知ることは可能であると言ったらどう思われるだろうか。

神を知っているとは、知識として知っているだけではなく、身をもって知っている、すなわち、自身が神であることを体感認識しているという意味である。筆者のこの状態は生まれつきではなく後天的なもので、ある時からそうなったのである。そのある時とは今から約八年前のこと、「あじまりかん」という呪文を知って称《とな》えて以来のことである。

筆者は初めてアジマリカンを唱えた時に、造化三神が波動として筆者の身体にスーッと響き渡ったことを感じたのである。もちろん、その時には「これが神！」と驚嘆したのみで、造化三神の響きそのものであるなどとはいうことは後から分かったことである。

造化三神は『古事記』にしか登場しない。また、このような神の観念を持ち得たのは、世界広しと言えども日本民族だけである。

日本民族は古来より天之御中《あめのみなか》（＝宇宙の中心）という観念を持っていたからこそ、その抽象的な観念を主なる神として言語化し得たのである。この観念は八百万の神が息づく日本列島にこそ自然発生し得たのであって、世界のどこに行っても天之御中主神に相当する神や観念は見当たらない。

筆者はアジマリカンというコトバを自己の行動の原点としている。そして、その原点から出てくる日本への思い、この惑星への思いを二ヶ月に一度の会報『あじまりかん通信』として発行する生活を続けている。

革命という言葉の定義の問題もあるが、地球維新とは一種の革命である。

革命という出来事には必然的に古い世界が壊れる際の痛み＝血なまぐささが伴う。だが、筆者が主張する地球維新という革命には、人類の受ける痛みを最小限に留めようという神の意思が存在する。愛という言葉は安易には使いたくないが、間違いなく神は愛なのだ。

神の意思とは神（＝アジマリカン）より発したものであり、壊れてゆく古い文明を、人類の大部分が明確には気付かないうちに新しいものに置き換えてしまう作戦「一厘の仕組」として発動中なのだ。

その作戦の大部分は見えない世界に存在するので、作戦遂行者は表面的には何も分からずに、為すべきことを為すのだ。筆者としては何も分からないところが辛いのだが、アジマリカンが神の呪文であることだけは分かるのである。

だが、この厳しい時代、神は不動明王のごとく、雷《いかづち》のように、古いものを打ち壊す働きの方が強いかも知れない。この時期、愛だけの神は偽物である可能性が高い。甘っちょろいことを言ってられない時代だからである。

この作戦を神の経綸と呼ぶのだが、経綸のネタは日本建国時に仕込まれたもので、現在は神の世界に存在する日本という国の雛型の中に埋め込まれているのだ。現在はその雛型を正しく読み取って遂行すべき時であるが、その過程は既に半分程度は進行しており、やがてハッキリと姿を現わしてくるのである。

筆者がこの種の作品を商業出版で世に出しているのは、宇宙から降ってきたアジマリカンというコトバを地上に留めるためである。

アジマリカン！

目次

第一章　〝愛子天皇〟の理由

愛子天皇を語る神様側の理由

本章は語ろうとしている内容に対して、語彙不足や霊的世界の説明困難さ等の理由で論理の飛躍があったり、皇位継承の話自体が難しかったりする。何を書くのか最初は見えない部分があるが語り始めよう。

前作『愛子天皇と地球維新』では、愛子様に関連することを集中して語ってきた。筆者が愛子天皇を語る理由とは、愛子様が天皇になられることで日本の国運が上昇に転じるからである（前掲書を参照）。徳仁天皇の後継者が誰になるかで、日本国の運命が大きく変わる。秋篠宮家から天皇が出ると日本が危うくなる。

さらに、日本の中核神が地球神であり、現在地球神からの働きかけが強くなってきているということを、前掲書で述べた。また、地球神とは別に天皇霊という存在があって、両神は一体となって日本と世界の建て替え・立て直し（スクラップ＆ビルド）を行いつつあることも述べた。

また、一厘の仕組という神の最終経綸を遂行するのが艮《うしとら》の金神《こんじん》なのだが、艮の金神とは地球神のことであるということも語った。地球神とは海原を知らす（治める）神・須佐之男命でもある。記紀では須佐之男命は、善悪入り混じったトリックスター的役割を演じるが、スサノオというキャラクターは日本民族の霊感的創作であり、一人の人間として日本に生まれた人物ではない。

天皇ご一家（令和4年元旦）。筆者にはご一家がピカピカ光っているように見える。

人類にとって今一番大切なことは神を中心に据えること、すなわち、

二十歳、誕生日の愛子様

世界の中心となる神の心柱《しんばしら》を立てることだ。これは筆者が神から徹底的に指導されたことだ。

地球神は「日本の皇室が世界の心柱となる」と告げる。そのためには皇室が本来の姿を取り戻す必要がある。一厘の仕組とは日本＝世界の中心を立てるための神の計画（経綸）なのだ。

一厘の仕組が遂行されることにより、正しい皇位継承という結果がもたらされる。その経綸の眼目は「徳仁天皇と愛子天皇の経綸」が遂行されることにある。当然ながら、愛子様が皇太子となることを想定している。

阿波の仕組とか二二《ふじ》の仕組、鳴門の仕組、等々、色々な部分経綸が因縁のある神業者によって遂行されてきたはずだが、それらはあくまでも神経綸のごく一部であって、誰も全体像を把握していない。

全体を見据《みす》えようにも、御神業に関わる人間が動いてみないと分からないし、自分に関わりのある部分しか見えない。それでも神に動かされる人間はムズムズして何かをさせられるのである。

筆者の話の基本となる概念を『大本神諭』や『日月神示』が語り、その流れを踏まえて、結論＝終わりの始まりの部分を筆者が語るという実感がある。筆者が本章で語ることが起承転結の結で、「徳仁天皇と愛子天皇の経綸」なのである。地球神や国魂は今や神経綸の最終段階を遂行しているのだ。

神様事《かみさまごと》に興味のない方にとっては、「何のこっちゃ？」というような馴染めない話かも知れない。だが、筆者は神様の因縁（このようにしか書きようがない）を背負っているので、どうしても書かざるを得ない。

筆者は須佐之男命などの神々が生まれた日本神話の世界からの働きかけを受けつつ、こういう話を執筆させられているようだ。ところが、書き始めなければ、自分がこれから何を書くのかも分からないのである。

神々や霊たちが私の身体を使って色々な仕事をする。今年の前半、筆者は「愛子様が天皇になるためには様々な障害がある」ことが分かった。それで、「愛子様周辺の目に見えない障害を解消しておこう」と思ったのだ。愛子様が次の天皇になるというのは、神の世界では既に決定したことである。

そのように考えた直後に、私の身体がおかしくなった。右胸の表面に痛みが出たのだ。「これは痛いな、たまらん！」ということで、病院通いとなった。その痛みもおかしな痛みで、右胸の表面だけが痛いのだ。レントゲンを撮ってもらったが、骨や体内には何の異常もないし、右胸の表面も普段のままである。

外科医も「よく分かりません」と言うので、「それでは痛み止めと湿布を出してください」となり、ひたすら右胸の痛みに付き合うことになった。「この痛みはいつ終わるのだろう」と心配したが、二ヶ月あまりで次第に快方に向かい、右胸表面の痛みは嘘のようになくなった。

その痛みの原因は、筆者が「愛子様周辺の目に見えない障害を解消しておこう」と考えたことにしか求められない。筆者にはそういう普通ではないことが時々起きる。神霊が筆者の肉体を直接使っているという感覚（これは妄想ではない）がある。こういうことを言わずに済ませたいのだが、現状では非常に困難である。

愛子天皇即位に向けた神の計画

今回の私の（霊的）作業は「愛子様即位前の障害の解消」という目的のものだった。これは、後からそういう推量をしたのであり、その分かり方も「何となくそうかなあ」という感じのものだ。

その体験を通じて確信したのは「愛子様は必ず天皇になる」ということで、理屈ではなく身体で分かった結論である。「どうして自分の身体に色々なことが起きるのだろう」と思うが、いつも「人には分からないがこれは自分の仕事だ」ということで納得する。目に見えるようなことは何もしていないのだが……。

徳仁天皇や愛子様は、筆者と同じ世界＝日本神話が生まれた元の世界から来ているからこその出来事である。今回の私の身体の変化は「神は必ず愛子様を即位させる」という意味の出来事だった。その話題だけで、機関誌三冊分の仕事ができた。その結果は拙著『愛子天皇と地球維新』（日本建国社）となって出版された。発売は私の誕生日（11月10日）頃なので、本誌が届くころには（ネット）書店等で入手可能となる。

筆者の本や冊子を読まれる読者のためにも書き物は少ない方がよい。だから、今のところは隔月刊の機関誌に書けるだけの内容を詰め込むべく奮闘しているのである。

この機関誌にしろ書籍にしろ、私の話には常に「神」が付きまとう。私の場合、この「神」とは「経綸の神・神仕組の神」であり、その世界を伝えるのはとても難しい。

「神は実在しており、その神はアジマリカンという音で表わされている実体（響き・波動）であり、アジマリカンを念じたら、アジマリカンという言霊が自分の体内に入ってしまった（まるで携帯アプリのように自分の身体に装填《そうてん》されてしまった）」

筆者はそういう体験をしたので、〝アジマリカン行者〟となり、〝アジマリカン神業〟が始まり、七年経過した。筆者が書く内容は〝アジマリカン〟から発していると感じる。だから、愛子天皇の話もアジマリカンから発しているメッセージである。アジマリカンは宇宙の中核神（＝『古事記』の造化三神）がお働きになる言葉である。詳細は後章で説明する予定だが、本章は先ず魂で読んでいただきたい。

ここからは本題「愛子様が天皇になるべき理由」について神様抜きで語ってゆこう。

皇位の男系男子継承には無理がある

パソコンでユーチューブ動画を見ていると、ブラウザーの右側にお薦め動画が表示される。その時は「皇居で祀っていた神が四国山中に？／倭《やまと》大國魂《おおくにたま》魂神社」という番組が表示されていた。

倭大國魂（ヤマトタケル＝長髄彦か？）に目が行った私は思わず見始めた。その動画では、案内人の茂木誠氏が、実際に四国の倭大國魂神社まで出かけて、ていねいに神社の背景や由来を解説し、参拝するところまで見せてくれるものだった。その日は茂木氏の動画（もぎせかチャンネル）を十数本見ることになった。

前掲動画の視聴後、続けて次のような動画を見ていた時のことだ。

皇居で祀っていた神が四国山中に？／倭大國魂神社
猶太陰謀論を語る　吉岡さんと雑談 01
ユダヤ＝グローバリスト？　吉岡さんと雑談 02
アルメニア人、パールシー、マロン派…吉岡さんと雑談 03
「右下」の政治家を育てたい！　吉岡さんと雑談 04
イスラエルから見たネ〇コンの正体／吉岡孝浩さんに聞く 01
イスラエルから見たウクライナ vs ロシア／吉岡孝浩さんに聞く 02
イランの勢力拡大、漁夫の利のトルコ／吉岡孝浩さんに聞く 03
イギリスは信用できるか？／吉岡孝浩さんに聞く 04
ユダヤ人とユダヤ教徒はどう違う？日本人ユダヤ教徒の吉岡孝浩さんに聞く①―茂木誠×吉岡孝浩
ゼレンスキーの裏に〇〇のユダヤ人がいる―茂木誠×吉岡孝浩
ユダヤ人は白人か？エルサレムをどうしたいの？―茂木誠×日本人ユダヤ教徒・吉岡孝浩

皇統の危機／「旧宮家」について説明します

茂木氏は『教科書に書けないグローバリストの近現代史』（ビジネス社）や『「戦争と平和」の世界史 日本人が学ぶべきリアリズム』（ＴＡＣ出版）等の作品で知られる歴史研究家だ。特に面白かったのは、吉岡孝治氏という日本人ユダヤ教徒から世界各地のユダヤ人について話を聞くシリーズだった。

吉岡氏との対談を見ている間は良かったのだが、最後に『皇統の危機／「旧宮家」について説明します』を見ているうちに「皇統は男系男子で皇位は悠仁親王に」という一節が耳に入った。その途端《とたん》、「茂木氏も普通に男系男子派だった」と幻滅し、その時は視聴を打ち切った（最近は気が向いた時に視聴している）。

一部の知識人が口に出す「男系男子による皇位継承」という文言は、一種の決まり文句になっている。氏は「伏見宮系の男系男子で養子に入る覚悟のある人物がいるから大丈夫」と言っていたが信じられない。安倍元総理が生前、「旧宮家で皇籍復帰候補者が名乗り出なかった」ために旧宮家皇籍復帰を諦めているのだ。

従来の「皇位の男系男子継承という暗黙のルール」が時代の現実に合わなくなり、変更する時が来ていると感じる。筆者の主張の核心は「時代に合わせて皇位継承のあり方も変えていかなければならない」という考えである。筆者のように〝愛子天皇〟を主張する発言者は少数派で、まるでドン・キ・ホーテのような存在だ。

昭和天皇の英断で側室制度が廃止されたこともあり、皇室典範の「第一条　皇位は、皇統に属する男系の男子が、これを継承する」＝男系継承規定が安定的皇位継承の足枷《あしかせ》となっている。最早《もはや》「男系男子への固執」は時代状況に合わなくなってしまった。側室制度の廃止と同時に皇室典範を改正する必要があった。

側室制度は昭和天皇の意志で廃止されたが、明治以来の皇室典範・男系継承規定を同時に改正しなかったのは、昭和天皇には先見の明がなかったということでしかない。誰もそういうことを言わないのだが、大部分の責任は昭和天皇にある。世間には昭和天皇を誉める人（特に右派）は多いのだが、文句を付ける人間は筆者ぐらいである。天皇も一個の人間でしかないので間違いを犯すのだ。

吉田松陰は「万葉一統」という意味深い言葉を残している（田中卓《たかし》『愛子さまが将来の天皇陛下ではいけませんか』幻冬舎新書）。万葉一統とは、日本の皇統を一本の大樹（生命樹）に喩える表現だ。「日本という大地に生えたご神木」こそが皇統の真実の姿である。皇統とは天皇霊が継承される幹であり、男系、女系を区別する必要はない。この一本の大樹こそが日本国なる生命樹であり永遠なる國体を表徴している。

田中卓博士は既に物故されたが、皇學館大学の名誉教授だった方だ。

どうして田中博士が前掲著を残されたのかについては、筆者なりに感じるところがある。博士は『住吉大社神代記の研究』（国書刊行会）という一冊を残しており、筆者と同じく住吉大神と縁が深い。住吉大神は天皇霊＝本当の天照大神＝男神で、「愛子天皇の実現」が住吉大神（＝天皇霊＝国魂）の意志であることによる（だが、それは常識で分かることだ）。

以下の議論は面倒くさいものなのだが、しばしお付き合いいただきたい。

皇學館大学の新田均教授の皇位継承に関する見解は、『聴取項目に対する回答（資料5　皇學館大学教授新田均）<https://www.cas.go.jp/jp/seisaku/taii_tokurei/dai2/siryou5.pdf>』で調べると、「皇祖の祭り主は昔から男性に決まっていたから、皇位は男系男子が継承しなければならない」という主旨であった。

同資料には「本心では天皇制度の廃止を願っている人々が、女性天皇や女系天皇を支持するのは、実は男女平等を願ってのことではなく、天皇制度の根幹（祭主は男性）を断ち切るためなのです」とある。「男系男子派のロジックはそういうものだったのか！」と驚いた。筆者の直観が「これはおかしいぞ!!」と警告する。

だから皇學館大学の研究者がみな、田中博士のように「愛子天皇推進派」だということではない。田中博士は日本古代史の学者なので、新田均教授が回答した内容程度の事実は当然ご存じだ。それでも田中博士は「愛子天皇推進派」であった。田中博士には（健全な常識に基づく）別の考えがあったのだ。

【歴代の女性天皇：過去の10代8人はいずれも父方に天皇の血筋を引く〝男系〟】
（ニッポンドットコム〈https://www.nippon.com/ja/japan-data/h00753/〉より）

歴代女性天皇（在位期間）	男系の系統	即位前の身分
33　推古天皇（592〜628）	29　欽明天皇	皇后
35　皇極天皇（642〜645）★	30　敏達天皇	皇后
37　斉明天皇（655〜661）★		皇祖母尊
41　持統天皇（690〜697）	38　天智天皇	皇后
43　元明天皇（707〜715）		皇太妃
44　元正天皇（715〜724）	40　天武天皇	内親王
46　孝謙天皇（749〜758）☆	45　聖武天皇	皇太子
48　称徳天皇（764〜770）☆		太上天皇
109　明正天皇（1629〜1643）	108　後水尾天皇	内親王
117　後桜町天皇（1762〜1770）	115　桜町天皇	内親王

前掲表には過去の女性天皇・10代8方が一覧されている。歴史的資料（文献・記録）だけから判断すれば、男系で皇位継承が行われてきたことが分かる。だが、筆者はそこに特別な意味を見出すことはできない。

現在のような社会常識・倫理感覚で考えるならば、男系男子規定にはそもそも無理がある。歴史的にも男系の女帝は10代8方おられるので、歴史に習うならば「愛子天皇は全く問題なし」である。

しかし、皇室典範の「男系男子規定」は「男系女子（愛子様が適合する）」すら許さないので、明らかに歴史的慣例も反映していない。皇室典範の「男系男子規定」は間違いなので即刻改正すべきだ。

その際、

「男系の男子」を「男系の子孫（女子も含む）」にするのが正しいのか？

「男系の男子」を「子孫」にして変えて、男系・女系を問わないようにするのが正しいのか？

「嫡子（男女を問わない）」とするのが正しいのか？

といった色々な考え方が出てくる。

最後の嫡子は問題がある。天皇の嫡子が何らかの事情でお役目を全うできないケースが起こりかねないからだ。「嫡子」という文言は限定し過ぎであり、単に「子孫」とするか、嫡子が皇位継承に堪えない場合には嫡子でなくてもよいことを規定すべきである。

「男子であろうが女子であろうが、天皇の直系子孫（嫡子優先）が皇位継承順位の筆頭である」という考え方が正しい。以降、色々と検討するが、結論に至るための思考過程と捉えていただければ幸いである。

男系男子論は不毛の論理である

記紀に男系継承の根拠を求めると、確かに前項のように記録されており、新田氏はそれが天皇制の根幹だと主張したい様子だ。男系男子派が主張することは、前掲表通り事実だ。だが、歴史的事実から正解を導き出せるとは限らない。愛子天皇推進派は、歴史的事実を上回るようなアプローチ方法や論拠が必要なのだ。

これは手強《てごわ》い問題に関わり合ってしまったと、内心臍《ほぞ》をかんでいるのだが、筆者の考え方は「時代状況に合わせて柔軟に皇位継承が行われればよく、男系男子にこだわる必要はない、という常識論」だ。当然、愛子様には十二分の皇位継承資格があると考えている。実際に愛子様は国民からも強く望まれているではないか。どうして愛子様では駄目なのか?! さっぱり分からないのだ。

筆者は新田氏の信じている「万系一世の皇統」、「男系継承を守ることが天皇制度の根幹」を疑っている。伝統とは「たまたまそうなった」だけのことでしかない。

天皇は祭主であり皇祖を祀るのが主たる役目である。だが、女帝が祭主であっても、皇祖や皇霊の祀りは十二分に遂行することができる。魏志倭人伝に登場する卑弥呼や台与（壹与）が女王として祭祀を行っていた事実を考慮すれば、むしろ女帝の方が適任かも知れない。**天皇の役目と性別は無関係である。**

今後の皇位継承を想定すれば、女帝でも男帝でも一向に構わない。第一、側室も養子も許されないような皇室典範は未来永劫に守られるべき法律ではない。前掲資料「聴取項目に対する回答」を再読したら、氏の考え方が分かってきた。氏は、憲法学者・奥平氏の発言を引用して、次のようなことを言いたかったようだ。

『「萬世一系」の研究』（上・下、岩波現代文庫）という著書のある憲法学者の奥平康弘氏です。彼は「天皇制は民主主義とは両立しない」「民主主義は共和制と結びつくしかない」という立場で、その「天皇制」の正統性の根拠は「萬世一系」にあると述べ、「萬世一系」とは「男系・男子による血統の引き継ぎ」であり、ここから外れた制度を容認する施策は「いかなる『伝統的』根拠も持ちえない」と言いきっています（「『天皇の世継ぎ』問題がはらむもの―『萬世一系』と『女帝』を巡って」『世界』２００４年8月号）。

筆者には全く分からない世界であった。天皇と民主主義？　共和制？　何これ？　である。こんな考え方をまともに相手にしようと思ったら、文系暇人の小理屈に入り込んでいかなければならず、「自分は全く適任ではない」と諦めに似た気持ちになりかけた。「文系の学問の世界にはこれ以上関わり合ってはいけない」と、新田氏の世界を無視しようと思うまでになった。

筆者に言わせれば、こういう世界は「何じゃこれは～」の別世界だったということでしかない。その世界は、砂嵐が吹きすさび、ぺんぺん草しか生えない不毛の世界である。

彼ら学者は「皇統に属する人間は特権階級だから、男系男子という皇位継承の伝統に従って当然だ」と考えているらしい。そういうことを断定的に語っているように見える。論理展開が決め付けだらけだ。

私には、皇族だろうが天皇だろうが自分と同じ血の通った普通の人間に見える。「文系学者の方が正しいのか、普通人（筆者）の方が正しいのか、一体どっちなのか?!」と困り果ててしまったのである。

「女性天皇や女系天皇を支持すると天皇制度の根幹が絶ち切られてしまう」というのが新田氏の主張である。それは次のような日本国憲法第一条の解釈に基づいているようだ。

日本国憲法第一条は、天皇の「地位は主権の存する日本国民の総意に基づく」と規定しています。しかし、この「総意」は今生きている国民の投票によって確認されたものではありません。それでは、どのようにして確認されたのでしょうか。それは、受け継がれて来た伝統から推察される先祖たちの意思と、それに対する憲法制定当時の国民の暗黙の同意とが合体したものだったと考える他はありません。その時々の国民の意思を選挙によって確認する空間的民主主義だけでは第一条は説明できないのです。そこでは、先祖の意思を重んじる時間的民主主義が前提とされており、それが天皇制度の前提をなす「伝統」なのです。

皇統は伝統的に男系男子が維持されてきたので、その伝統も含めて国民の総意だということらしい。つまり、我々国民が愛子天皇を望んでも、国民の声は無意味だということになる。

女系天皇容認の田中卓博士の反論とは

筆者は数年前に、皇學館大学名誉教授だった田中卓博士（故人）の著作『愛子さまが将来の天皇陛下ではいけませんか　女性皇太子の誕生』（幻冬舎新書）を求めて読んでいた。

田中卓皇學館大学名誉教授(故人)。愛子天皇を容認する。

どうして対立する正反対の意見があるのだろうか？　同じ皇學館大学関係者なのに、皇位継承に関する主張は正反対である。前項で検討した新田均氏の論と比較しようと思った。

前掲著も学者（日本古代史の専門家）の作品で、非常に難しく感じられる。だが、同じ難しさでも新田氏の論調とは根本的に異なっている。新田氏の論は強引で隙のない印象だが、田中博士の主張は正統的な学者の筋立てらしく、緻密に論理を積み上げているという印象である。同じ皇學館大学の教授なのに、新田氏はやゴリゴリの男系男子派、田中博士は柔軟な女系容認派である。

両主張の比較のために、幻冬舎、田中博士の前掲著についての解説ホームページ「皇室には『氏』がないという特色を理解せよ<https://www.gentosha.jp/article/6067/>」より、女系天皇容認の考え方を紹介したい。

この問題は、前例がないため、皇室法の学界でも定説はないようだが、歴史的には、皇祖神《こうそしん》の天照大神が「吾が子孫《うみのこ》の王《きみ》たるべき地《くに》」と神勅されている通り〝天照大神を母系とする子孫〟であれば、男でも女でも、皇位につかれて何の不都合もないのである。つまり母系にせよ、明瞭に皇統につながるお方が「即位」して、三種神器をうけ継がれ、さらに大嘗祭を経て「皇位」につかれれば「天皇」なのである。

子供は父母から生まれるのであって、男系とか女系の差別より、父母で一家をなすというのが日本古来の考えだから、それを母系（または女系）といっても男系といっても、差し支えなく、問題とはならないのだ。

この点が、ヨーロッパの王朝等とまったく違う。それは、日本の皇室にはもともと「氏《うじ》」がないからである。

これは日本の他国に異なる最大の特色の一つだが、なぜ、皇室に「氏」がないのかというと、古来、皇室は他の氏族と区別する必要がなく、建国以来、天皇（古くは大王）の家として断然隔絶されていたからである。

博士の主張の根本は、「父母で一家をなすというのが日本古来の考えで、父母から生れた子を母系（または女系）といっても男系といっても差し支えない」という、当たり前の論理である。これなら誰でも分かる説明である。どうして現在の言論界ではこの論理が通っていないのか、その方が不思議である。

田中博士の考え方を聞けば、一発で皇位継承者問題に片が付くではないか。田中博士の主張は本当に簡単明瞭で、一般国民の常識にも矛盾しない。こういう説が表に出て来ないのはどうしてなのか?!

天皇中心の國体（日本国の構造）は不変である。この國体とは日本の屋台骨である。仮に愛子様が天皇になっても國体は不変であり、一切問題なしである。新田論は國体の考察を欠いており決定的に不完全である。筆者はこの段階で、「マスコミが、ある意図のもとに行っている洗脳という悪意」を想定せざるを得ない。「マスコミは国民に対して、〝男系男子絶対〟を刷り込みたいという意図があって洗脳しているのではないか」という疑いが出てくるのである。

ここに、洗脳の手法「善悪二元対立の意図的演出によって、見かけ上の善に世論を誘導する」を見出すことができる。見かけ上の善とは「男系男子による皇位継承」であり、悪とは「女性天皇容認」である。簡単に言えば、「傍系の秋篠宮家への皇位継承が正しい」という虚構を国民に刷り込みたい。それこそが皇室報道におけるマスコミの動機ではないのか。

筆者が〝動機〟と言う以上、目には見えないが日本国民への悪意が存在するという意味だ。

皇室報道をサンプルとして、始終行われているマスコミによる洗脳の構図が浮き上がってきた。マスコミの洗脳行為には〝お金〟が動いている。そのお金はどこから出ているのか？　それが問題である。どこか異様な反日的勢力（DS?、A国、C国?、K国?）からお金が出ている可能性を考えざるを得ないのである。

普通はここまでは言わないことだが、自分で考える習慣を身に着けていただきたく、〝洗脳〟の可能性に言及した。

マスコミの皇室報道は洗脳

筆者と妻は初めから天皇ご一家大好き派、つまり、徳仁天皇、雅子皇后、愛子内親王が大好きな人間である。どうして我が家が天皇ご一家大好きになったのかと言えば、天皇ご一家が近年稀に見るほど素晴らしい方々だからだ。これは、「徳仁親王誕生時からずっと素晴らしかったから今もそうなのだ」としか言いようがない。

現在の天皇ご一家は素晴らしい方々であり、心ある人ならば自然に分かることなのだ。日本人であるか、外国人であるかには関係なく、天皇ご一家は愛さずにはおれない方たちなのである。

多くの国民も筆者たちと同じように感じているはずだが、マスコミはA宮家を特別に贔屓《ひいき》しており、「天皇家 vs A宮家」という構図で、「A宮家の都合の悪いことは表に出さないことで、A宮家があたかも良い方々であるかのように印象づけたい」と、必死で情報操作をしている。そういうマスコミのマインドコントロール（悪あがき、取り繕えない段階）がずっと続いているのだ。

筆者はジャーナリストではないから、いちいち証拠を集めたりしない。だから、「雅子様がいつ、どこで、○○された」とか「A宮が××だった」などという例を示すつもりはない。現在の皇室周辺でマスコミがやっていることについて、大きな構図を示すだけに留める。

しかし、マスコミの皇室報道には不愉快なことが多過ぎるので、筆者などは気が付いてもできるだけ忘れようとする。そのため、具体性は欠く。個々の事実については読者諸氏が自分で確かめていただきたい。

とにかく雅子様バッシングはひどかった。雅子様が二十年余り前に流産されたのもマスコミのバッシングのせいである。そのため雅子様は心労が重なり、体調を崩され、その結果流産されたのだ。

雅子皇后や徳仁天皇の当時のご心中を察するに、皇太子ご夫妻はどんなにか心を痛められたことだろう。それを思うと胸が締め付けられるのである。

マスコミの皇室報道の構図は、「A宮家を良く見せ天皇家を悪く見せる」という印象操作である。マインドコントロールの手法を取り入れた隠微なものだ。ほんの一例だが、敬語の使い方を対天皇家と対A宮家で微妙に変えるという手法を使う。どういうことかと言うと、「天皇家に対してはぞんざいな表現を使い、A宮家に対しては丁寧な敬語を使う」といったものだ。

筆者や妻にはそういう皇室報道の構図や手法がよく見えるので、その度に「えっ、天皇陛下に対して今の言葉使いは何？　随分ぞんざいだな」とか、「A宮に対してやけに丁寧な言葉使いだな。もっと普通でいいんじゃないの」などと感じることが多いのだ。

もっと分かり易く言えば、「徳仁天皇や雅子皇后について報道する際には褒めてはならない」とか、「A宮やK子様を報道する時には最高の敬語を使い、良い印象を残せ」などという方針があるに違いない。そういうことを書いた文書等の証拠はないが、筆者のような推理を働かせるのは難しいことではない。

こういう皇室報道の方針「できるだけ天皇ご一家を軽く見せ、A宮家を重く見せる」が存在するという前提で考えると、もっと大きな構図が見えてくる。「悪の奥の院→日本政府→宮内庁→広告会社・マスコミ」という構図である。こういうことを言うと〝陰謀論だ〟という人が多いが、レッテル貼りは良くない。

悪の奥の院はDS（ディープステート）、ひと昔前にはユダヤ、イシヤ、陰の政府、フリーメーソンと呼ばれていた勢力である。最近ではイルミナティ、グローバリスト、超国家勢力、国際金融資本などと呼ばれることも多いが、固定的なものではない。対する言葉はナショナリスト、愛国者などだが、本人がそのつもりでも、無自覚に反日的言動をさせられている例が多い（本章では本件については立ち入らない）。

その奥の院が「A宮を持ち上げて天皇家を悪く言いなさい」という指示を出している直接の証拠は入手不可能なので、我々はマスコミがやっていることからその事実を推測するしかない。それにもかかわらず、皇室報道の構図ぐらいは推定できる。ちょっと気を付けて皇室報道を見ていれば、誰にでも気付けるレベルの洗脳（マインドコントロール）が行われている。そのことに気付けば騙されなくなる、ということを言いたい。

ここでは皇室報道の細《こま》かな実例を挙げないが、とにかくマスコミの皇室報道は汚いので見たくもない。当然ながら、マスコミの皇室報道を鵜呑《うの》みにしてはいけないのである。

皇室典範第一条が間違っている理由

世の中には政治家や評論家という人たちがいて、その中でも、主に皇室評論家や皇室コメンテーターと呼ばれる一部の人々が皇室についてしばしば発言している。その人たちの言っていることは果して正しいのか、信用できるのか、ということが問題になる。

筆者は自称〝愛子天皇推進派〟だが、愛子様派にとって〝皇位の男系男子継承〟を主張する〝男系男子派〟は非常に目障りな存在だ。愛子天皇推進派は少数派であって、男系男子派に比べると何となく理論的に弱いような気がしているが、実際のところは、理論的にも既に結論＝「女系天皇ＯＫ」は出ているのである。

今回は目障りな男系男子派を、「根拠なし」として徹底的に打ち負かしてしまうような究極の論理を提案したい。岡潔博士の「人間の中核は知・情・意の中の情である」という提案が本質的と考えている。この「情け《なさ》＝義理人情」を日本人は決して否定できないからである。これは日本人固有のものらしい。

そもそも皇位は男系男子で継承されなければならないものなのか？　これは非常に怪しい。

確かに皇室典範第一条には「皇位は、皇統に属する男系の男子が、これを継承する」と書かれているが、旧皇室典範には「大日本國皇位ハ祖宗ノ皇統ニシテ男系ノ男子之ヲ繼承ス」とあり、意味的には現在と同等だと考えられる。

突っ込んで考えたいのだが、果して男系の男子が皇位継承するという皇室典範の規定は正しいのだろうか。

ここは常識で考えるべきところだ。

筆者は法律の専門家ではないが、頭は普通に働く。皇室典範の男系男子規定に関しては、総じて時代に合わないものを感じる。もっとはっきり言えば、皇室典範第一条は間違っている、と感じる。その主たる根拠を幾つか挙げよう。

第一に挙げるべきは、人道的観点で皇室典範が正しいのかということだ。人道→人情と置き換えれば、日本人は否定できないはずだ。

皇太子のお妃選びは今や極めて困難な状況になっている。男子が生まれないと皇位継承自体が成立しないので、皇妃になろうとする方にとって非常なプレッシャーとなる。例えば徳仁天皇の皇太子時代、雅子様が皇后になるという自分の運命を受け入れるのは並大抵のものではなかったはずだ。

皇太子が、そういう過酷な立場を将来の皇后になる人に強いるというのは、皇室典範のせいである。皇室典範は甚大な精神的苦痛を皇妃となる人に与えてしまうのだ。

皇室典範は人道（人情）にも悖《もと》る法律ではないか、ということになる。筆者は「皇室典範には人情がないこと」を指摘し改善を求めた者がいるということを聞いたことがない。

この場合、「天皇皇后両陛下のご苦労を少しでも少なくしてさしあげたい」という人情がないということだ。天皇ご一家の強い味方が現われないと、日本と世界には悲惨な未来が待っている。どうして悲惨な未来になるかと言えば、皇室は日本の中心（ひいては世界の中心）なので、中心が乱れたままだと天皇の本来の役目が全うできないからである。

つまり、天皇の地位に相応しくない天皇が立たれても、世の中はうまく治まらないということだ。日本の中心は世界の中心なので、日本も世界も良くなっていかないのだ。皇位継承というのはそれ程重大なイベントなのである。日本の皇室が一番大切だという意味は、世界にはしっかりとした中心が必要だということなのだ。中心がしっかりと立っていなければ、世界は崩れてしまうからである。

第二に挙げるのは、「男系男子しか皇位を継承できない」という考え方がそもそも正しいのか、ということだ。夫婦の間に生れる子供が男子か女子かは完全に確率の問題であり、決められないものを皇室典範で結婚相手に強いるというのが皇太子のお妃選びというものなのだ。これはおかしいのではないか?!

つまり、皇室典範は非人間的である。天皇・皇后が私たちと同じ人間であるということを無視しているからだ。こういう皇室典範があるため、皇太子がお妃のなり手を探すのは大変の自乗、三乗であって、皇太子にも大変なご苦労を強いてしまう結果となる。徳仁天皇は雅子皇后に結婚を申し込まれる時に、「一生おそばについてお守りします」と仰ったそうだが、それを言った皇太子も偉かったが、それを受けた雅子様も本当にご立派だった。雅子皇后は、よくぞ皇太子のプロポーズをお受けくださった、と心から思う。

天皇ご一家（天皇皇后両陛下と愛子様）はこの件に関して心を痛めているはずだ。天皇ご一家の皇位継承にまつわる苦悩を解消して差上《さしあ》げたいのである。これは皇學館大学名誉教授の田中卓博士と同じ心情である。

皇室典範は人情無視の悪法となっている

前記の二点だけでも、皇室典範は人情無視の悪法であると、百％言い切ることができる。そういう人情に悖《もと》るような法律は間違いであり、即刻「日本人の良識」に適う条文に改定しなければならない。

そういうことは、当事者（天皇皇后両陛下）の立場で考えれば完璧に分かる。皇室典範の男系男子規定は間違っているのだ。

人情の観点で以上のような考察をするだけで、皇室典範が異常な法律であることが分かってしまう。そのような皇室典範を後生大事に守ることはない。即刻「男系男子規定」を廃止し、単に「子孫」とすべきである。その改正ならば、簡単にできる。少なくとも人情ある日本人ならば、本論の主旨は完全に分かるはずだ。

自分が天皇皇后両陛下と同じ立場に置かれたらどう感じるか想像してほしい。

天皇も皇后も私たち一般人と同じく、切れば赤い血が流れる人間なのだ。私たちも天皇皇后両陛下と同じ状況に置かれれば、極めて辛い立場に置かれていると感じるはずだ（普通、我々はそういう想像はしないが……）。

皇室典範が規定するように、「絶対に男子を産め」と命じるような結婚を、望んでしたがるような人間は今時《いまどき》いない。そのことだけでも、現在の天皇皇后両陛下はご立派なのだ。そんなことぐらい良識を持った日本人なら分かることだ。

皇室典範が間違っているというのは、そういう簡単な話なのである。誰も筆者のように当たり前のことを考えて口に出さなかっただけなのである。本論で紹介した田中卓博士は数少ない例外である。

つまり、世に自称愛国者は沢山いるけど、筆者と同様の結論に辿《たど》り着いていない、つまり〝人情のない〟人間が多過ぎるから、天皇陛下と皇后陛下、愛子様にかけずともよいご苦労を強いているのだ。天皇になるということ、また、そのご相手として選ばれることは、このように大変も大変、ご苦労の山をご両人に背負わせてしまうという結果を生んでいる。両陛下のお苦しみの大部分は現在の皇室典範第一条によってもたらされた、と言っても言い過ぎではない。

世に愛国者のつもりでいる論者は多いが、人情（人間性）を失った自称愛国者ばかりであることが分かっていただけただろう。天皇陛下と皇后陛下のご苦労の一かけらでも背負いたいと思うのが、本当の愛国者である。お二人が長い間、マスコミのいわれのないバッシングにも耐えてこられたそのご苦労にお応えするためにも、次の天皇は愛子様になっていただくのが最善であると考える。これは人情から考えれば当然のことだ。

筆者のこの話を聞いても「皇位の男系男子継承」を主張できる人がいるとしたら、そういう人は人間の資格を自ら放棄することになる。男系継承の主張者は私のこの論を読めば、それが完全に間違いであることが分かるはずである。歴史がどうの法律がどうのという以前の、人情の問題なのである。愛国者になる前に人情のある人間になって戻って来なさい、と言っておこう。

それにしても、「どうしてこういう簡単なことが分からないのかなあ。天皇ご一家のお気持ちを人情で察すれば一発で分かるじゃないか」という類の話だ。

それが『皇室典範』という法律問題になると、みな思考停止してしまい、歴史的伝統とか男系男子絶対などという方向に話がずれていってしまうのだ。さらに当事者が天皇家や皇室なので、さらに思考が硬直してしまっている。話は至って単純なのである。

筆者自身はそういう難しい話題も嫌いではないが、一般人の心からの賛同を得ることはできない。「人情」という日本人の常識で考えた方が正しい答が出る。皇室典範は天皇皇后両陛下と愛子様に多大な苦痛をもたらす悪法である、と知ること。それが皇位継承問題を抜本的に解決するための出発点になる。

これくらい噛み砕けば、皇位継承についてまともな答が出てくると思う。タブーなどないのだ。自分の頭で考えよ！　である。

皇室典範が人情のない悪法であるという訴えは日本人の心に直接響くし、個人攻撃でもない。

我々は愛子様に天皇になっていただきたいのだ！

一方、現在の天皇家を構成するお三方は最高に立派な方々で、世界中で称賛されている。証拠はユーチューブの「すごいぞＪａｐａｎ！<https://www.youtube.com/すごいぞ JAPAN>」に上がっている動画を見れば十分である。お姿や立ち居振る舞いを見ることも含めて、実際に天皇皇后両陛下や愛子様に接すれば分かる。彼らは見た目は普通だが、極めて立派な方々である。天皇（皇后）の資格を最高度に持っておられるのである。これは難しいことを言わなくても見れば分かることなのだ。

さらに、「男子をもうけることができなかったことによって、天皇皇后両陛下がどれだけ辛い思いをされたか」という、現在までの天皇皇后両陛下（特に雅子皇后）のお気持ちを考えると、何かせずにはおれない。

普通の日本人から見て、「この人だったら天皇になってほしいと思える普通の人」こそが皇位継承資格者である。日本国民の総意は神意に適う。徳仁天皇や雅子皇后、愛子様は普通の人で魂が超々立派な方々だと断定できる。

天皇の資格というのは立派な魂を持たれていることなのである。

理屈は不要だった。日本人としての気持ちを大きく強く響かせよう。

愛子天皇は必ず実現する。

我々は愛子様に天皇になっていただきたいのだ！

補足：今回知ったことだが、『大宝律令』や『養老律令』には女系天皇容認の条文が存在する（養老律令継嗣令　全04条）。古代には法的に女系天皇が認めてられていたし、天武天皇は女系だったようだ

（関裕二『皇極女帝と飛鳥・二つの謎』河出書房新社）。

参考：養老律令　第十三　継嗣令　全04条　◯01　皇兄弟子条

天皇の兄弟、皇子は、みな親王とすること〔女帝の子もまた同じ〕。それ以外は、いずれも諸王とすること。親王より五世（＝五世の王　※ここでは親王を一世として数える）は、王の名を得ているとしても皇親の範囲には含まない。

養子縁組や旧宮家復活もしっかり検討すべきであることは言うまでもないが、田中卓博士や高森明勅氏と同様、筆者の結論〝最善の選択肢は愛子天皇〟は変わらない。

例えば「旧宮家の復活」などという議論もなされているようだ。「旧宮家の男系男子が養子として皇籍復帰」で動画を検索できる。また、皇籍復帰候補者が皆無の現状を生前の安倍元総理が確認して旧宮家復活を諦めている。

前掲動画でも天皇ご一家の人格を無視した検討が勝手に行われており、背筋が寒くなる。

本章のテーマ〝愛子天皇の理由〟を検討し尽くすためには、本章で述べた内容だけでは不足していると感じるが、「人情論だけで大丈夫」という気持ちもある。

人情に訴えなければ人は動かないからである。人情論でどれだけ政治家を動かせるかということだが、逆に人情のある政治家なら動いてくれる。政治家が確信を持って動かざるを得ないような論理としては、今のところ人情論しか思い付かない。理屈は既に田中卓博士や高森明勅氏が論じ尽くしている。筆者は亡き田中卓博士の悲願「皇室典範の改正」を実現したい。

第二章　弥勒世始めの大激動

２０２２年から２０２３年へ

２０２２年は国内、国外を問わず、驚きの出来事が目白押しで、激動の一年だった。筆者にとって（おそらく皆さんにとっても）初めての激動の時代がやって来た。本章は情報過密となる気配が濃厚である。

昨年は、筆者にとって人生で最も高密度な学びを得ることができた年でもある。「この国と世界の現状を、歴史を含めて把握する」というのが目標だったが、何とか目標を達成できて「分かったぞ」という気持ちになったのは、２０２２年大晦日の前日だった。

筆者の「分かったぞ」という感覚は、筆者が地球維新シリーズ（『結び、愛国、地球維新』と『愛子天皇と地球維新』日本建国社）で語ってきた「とどめの戦」の具体的な構図が明瞭に見えたということである。

世界では今どういうことが起きているのか知りたくて、昨年はひたすらユーチューブ動画を見まくった。気が付いたら、一年間で約二千本（約千時間）の番組を見てしまったが、切りのいいところで昨年知り得たことをまとめなければならない。ところが、毎日次々と新しい動画を見てしまうので、なかなかまとめに入れないというジレンマがある。切りがないのでこの辺りで整理しようということだ。

筆者は時間だけは十分にあるので、本数をこなすことができたが、誰もが筆者の真似をする必要はないし、その時間がない方も多いだろう。ここで紹介する情報を参考にされて、興味を持てる動画を視聴するだけでよい。スマホやiPhoneでも視聴可能だが、できれば、ＰＣのブラウザで見ていただきたい。

ユーチューブ等の動画視聴でＰＣ環境を推奨するのは、ＰＣは表示される情報量も多いし、目にも優しいからである。筆者は二十年以上使っているブラウザソフト Firefox で動画を視聴している。もちろん、広告を表示しないよう AdBlocker Ultimate（広告ブロック用のアドオンソフト）を入れているので、見たい動画だけ見ることができる（次善の再生環境としてはiPad等のタブレットが望ましい）。
昨年起きてしまった出来事として大きかったのは、次のようなものだ。

①ウクライナ戦争の開戦と継続
②安倍元総理暗殺
③アメリカ中間選挙で民主党が巨大な不正を働いたこと
④岸田総理が続投し、増税して国民いじめする気満々なこと
⑤コロナ問題は未解決、ワクチンで多くの人が亡くなっている

どの出来事も一言では言い表せないほど巨大な問題を含んでおり、語り始めれば切りがない。安倍元総理暗殺事件も含めて、「ＤＳ（ディープステート）vs愛国勢力」の戦いは我々人類にとって最終戦争＝とどめの戦である、と何回も語ってきた。

日本国内で起きたことは日本一国のみの問題ではない。世界で起きていることがそのまま日本の運命と連動してしまう。我々が体験した前記のような事件の意味を知るには、愛国的な事情通や専門家に、世界の出来事の意味を尋ねる必要がある。

日本と世界の現状を知るために

世界情勢や日本の置かれた状態を知るには、事情通によるレポートから学ぶしかない。地上波ＴＶや新聞等のマスコミは見なくなって久しいが、昔と違って、ユーチューブのような動画を見ることで、必要な情報

のあらましは簡単に入手できる。便利な時代になったものだ。

今やネットだけで、ある程度のことは分かってくる。ネットにはTVや新聞には絶対に出ていない情報が山積みである。だから、その気になって検索して必要な情報を拾い集めれば、この世界の大凡の事情は分かってくる。時間と手間と多少のコストをかけるかどうかで、世界に対する認識力は全く違ってくる。

そういうわけで、特に重要（心打たれる・役に立つ・勉強になる）と思われる動画チャンネルやパーソナリティについて、筆者なりに整理してみた。以下に挙げる情報は筆者が見た動画の本数とは無関係で、人柄や志という観点も含めて真実であると筆者が判断したものである。

◎山中泉《せん》氏

山中泉氏

生の米国情勢をレポートする作品『アメリカの終わり』（方丈社、２０２１年）と『アメリカの崩壊』（方丈社、２０２２年）という二冊の本を出版し、米国がＤＳによって分断され崩壊の途を辿るプロセスを活写している。コロナ騒動やウクライナ紛争の裏側で進行した、グローバリスト勢力の現実の陰謀を暴露している。イーロン・マスク氏がツイッター社を買収した結果、ツイッターファイルの内容が明らかになるにつれ、山中氏が暴露した「トランプ（善）vsバイデン（悪）」の構図が真実であると証明されつつある。

◎我那覇真子氏
沖縄生まれの愛国的情報発信者で、体当たり的な海外レポートや著名人との対談がすばらしい。昨年は米国のスーパーの商品不足、米国黒人女性作家キャンディス・オーウェンズ氏のインタビューや本

我那覇真子氏

林千勝氏

副島隆彦氏

くぼた京氏

『ブラックアウト』の翻訳出版、オランダ農業の実態報告や活動家インタビュー、参政党の応援、米国２０２０不正選挙調査、ダボス会議（世界経済フォーラム）参加者への突撃取材等、凄《すご》過《す》ぎる。

◎林千勝氏

近現代史＝昭和史、戦史を専門とする歴史家、作家である。自分のチャンネルでは登録動画が削除されたりするので、新日本文化チャンネル桜やＣＧＳなどで情報発信している。『ロスチャイルド家の代理人が書いたアメリカ内戦革命のシナリオ《統治者フィリップ・ドルー》』等の著者。米国や日本の近現代史、特に大東亜戦争史の解説は必聴である。勉強になる。

◎副島隆彦氏

政治思想、法制度論、経済分析、社会時事評論などの分野で、評論家として活動。日米の政財界、シンクタンクなどに独自の情報源をもち、日本は国家として独自の国家戦略を持つべきと主張。副島国家戦略研究所（ＳＮＳＩ）主宰。

◎女性天皇と共に明るい日本を実現する会（女性天皇ドットコム）

筆者が身をもって参加した（写真を参照）唯一の動画チャンネル。主宰者のくぼた京氏が「愛子さまを天皇に」をテーマに活動し、街頭演説をレポートしたり、著名人の講演会を開催したり、と目が離せない。

2022/12/03日比谷公園出発のパレードに参加した

この種の活動には色々なトラブルが伴うものだが、くぼた氏は困難を乗り切った。筆者も応援する！

◎古歩道（フルフォード）ベンジャミン氏

ベンジャミン・フルフォード氏

　１９６１年オタワ生まれ。八十年代に来日し最終的に日本人になる。上智大学比較文化学科を経てカナダのブリティッシュ・コロンビア大卒業。『日経ウィークリー』記者、『フォーブス』アジア太平洋局長を務める。著書多数で、日本から世界中に情報を発信中。筆者も氏の著作を何冊も持っている。

分断されたアメリカ

筆者は、現在崩壊しつつあるアメリカ、プーチンのロシア、及び、日本の天皇ご一家に深い関心を持っている。

世界はグローバル勢力の影響下にある。グローバル勢力の本拠地は米国（本丸は英国）で、米国民は戦い分断状態になっている。世界も分断の様相を呈している。日本はグローバリズム・アメリカの傘下にあり、中共の浸透を受け入れている。（下図は林千勝氏ユーチューブ動画をもとに筆者が情報を追加した）

日本は下図の青三角形（バイデン氏が住む世界）の支配下（自主的隷属）にあり、共産中国の乗っ取りを受け入れている、というものだ。このようにまとめてみれば非常に単純であるが、日本が国難＝非常事態であることは間違いがない。

日本が目覚めるためにはトランプ氏のアメリカ第一主義（反グローバリズム・保守主義）に学んで、日本の問題に気付く必要がある。日本の問題を解決するには、アメリカ第一主義を（日本主義で）超えることが必要となる。実際に気付いている日本人は目覚めた人たちだと言えるが、まだ人口の１％〜２％

米国の政治（分断）構造

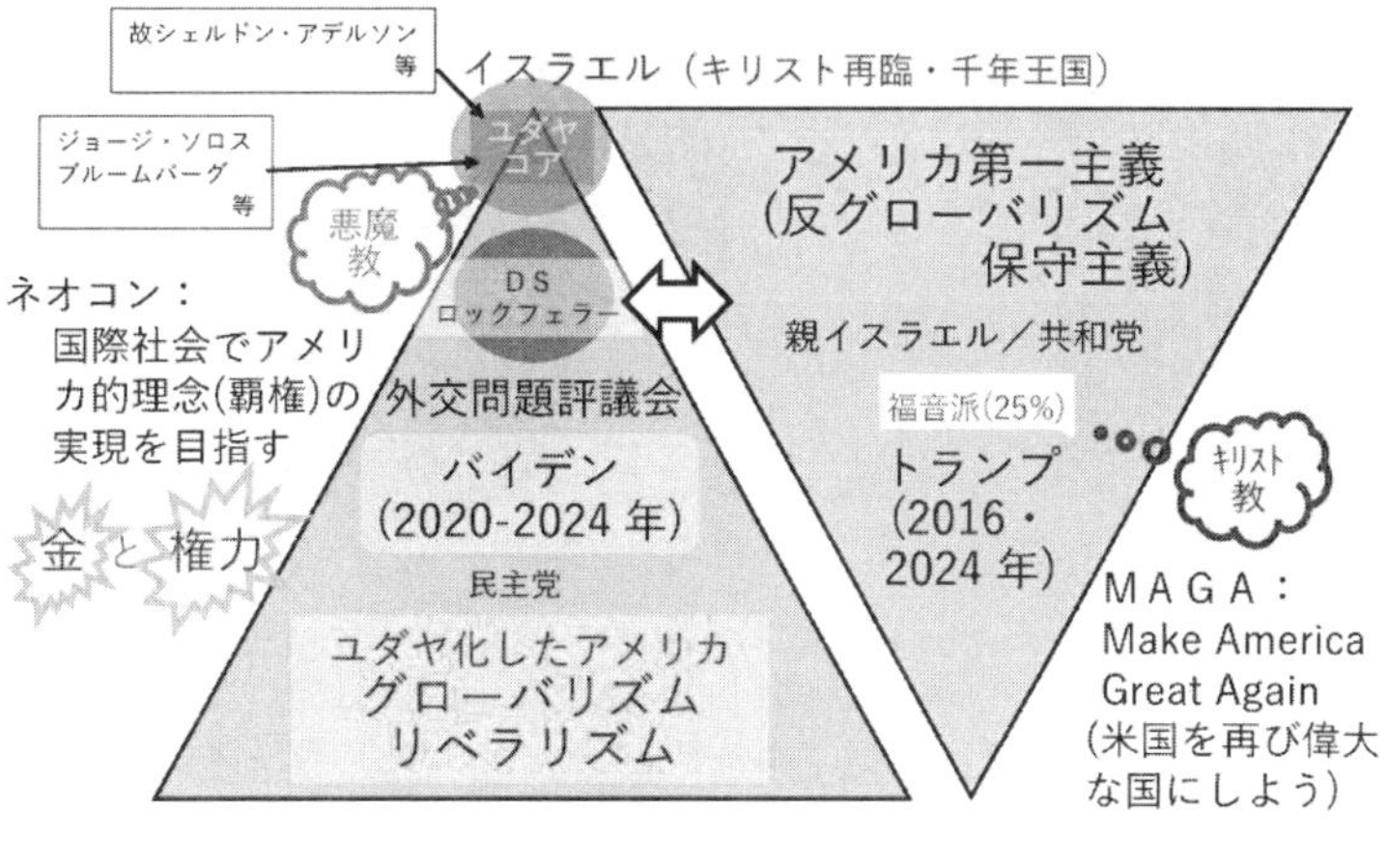

程度でしかない。現在の米国と同様の状態になるには数年〜十年かかるだろう。

一方、アメリカでは一億人（35％）がトランプ支持者で、アメリカがグローバリズムではなくアメリカ第一主義の国になることを目指している。だが、トランプ氏は憲法に従ってアメリカの再生を目指しており、アメリカを分断しているグローバリスト達に勝てない状態が続いている。アメリカの混乱と分断は易々とは収まりそうにない。

仮に2024年の大統領選挙でトランプ氏または別の共和党の誰かが大統領になったとしても、アメリカがまともに再生できるとは考えにくい。トランプ氏は2016年に大統領になってから現在に至るまで、ずっと正しかったし、アメリカの希望であったが、アメリカに明るい未来がやって来るかは危ぶまれる。壊れてゆく一方だと思える……。

日章旗の意味＝地球全体が日本である。世界の分断を止揚するには、日本人が覚醒する以外にない。

アメリカの民主主義は弱過ぎる。つまり、表向きは合衆国憲法で保障された民主主義国家だが、現実にはグローバリスト達の牙城になっており、ネオコンの覇権主義が強過ぎる。前掲の山中泉《せん》氏や我那覇真子氏の動画や著作を通じて、アメリカの内状を深く学ばなければその実態は分からない。山中泉氏の著作『アメリカの終わり』と『アメリカの崩壊』、我那覇真子氏の翻訳書『ブラックアウト』はそのための参考書である。

現在のアメリカは民主党による全体主義（＝極左、共産主義）の国に成り果ててしまっている。米国マスメディアは嘘ばかりである。バイデン氏の政策のみ（図の青三角形）を肯定的に報じ、トランプ氏のアメリカ第一主義（図の赤三角形）については殆ど報道せず、否定的な扱いばかりである。

日本国内のアメリカ関連報道はグローバリズム・アメリカの国内報道のコピーでしかない。だから、筆者のように自分からネットや書籍を通じて情報を取ろうとしない限り、崩壊しつつあるアメリカ社会の実態（特にトランプ氏の動き）は全く分からない。

アメリカ国内のトランプ氏は、「自分は今でも正当なアメリカ合衆国大統領である」というやり方を貫いていることが分かる。トランプ氏は２０２０年以降も、アメリカ合衆国大統領として軍政＝戒厳令体制として遂行中のようだ（『アメリカ不正選挙２０２０ 忘れてはいけない歴史記録』船瀬俊介、成甲書房）。トランプ氏は未だに真の意味でのアメリカ合衆国大統領なのだが、悲しいかな、アメリカの崩壊は止まりそうにない。早晩アメリカという国は地上から消え失せてしまうのではないか……。

三神(トライアングル)体制とは、神の世界の目に見えない協力体制を意味している。

令和五年・世界の回り方は？

昨年末に発行したメールマガジン第９８号に「令和５年の世界は三神トライアングルで動いてゆく」という話を書いた。「これからの日本と世界は、《愛子さま（＝天皇ご一家）＋プーチン氏＋トランプ氏》の三神（トライアングル）体制で回っていきます」という筆者のインスピレーションだった。

その直観には筆者なりの根拠があったが、メールマガジンでは十分には説明できていなかった。

前掲図「米国の政治（分断）構造」は、米国の実態を語る非常に単純な図式だ。世界には善（＝反グローバリズム、ポピュリズム）と悪（＝グローバリズム、全体主義）の両方が存在するという事実だ。現在は既に弥勒の世となっており、両者の対立の様相が激しいため「善と悪の戦争状態＝とどめの戦」となっている。だが、やがて悪が力を失い、存在をやめる時が来る。それも遠い将来ではなく、ひょっとしたらもうすぐ（数年?!）らしいということだ。その時は多くの人々が覚醒しており、善の力が悪を上回っているはずだ。

前掲の三神体制とは、「世界のコアには見えざる神の意志が存在しており、神の使命を受託した人間を通じて神力が発動される体制」である。前頁の神を中心とした体制図の通りに、弥勒世が形成されてゆく。たいていの人は驚くだろうが、プーチン氏は神の側にいるのだ。日本の天皇ご一家が神力トライアングルの頂点となっている。この神の力は見えないところで連携しており、弥勒世の中心となっている。

弥勒の世＝皇室が完成する時

日本の天皇家は三神体制の頂点であるという捉え方を示したが、実際には日本の中心である。弥勒の世では日本＝地球世界であるから、日本の皇室が世界の中心となる。

筆者の直覚では、「徳仁《なるひと》天皇と愛子天皇の二代で皇室が完成する」となる。つまり、皇室は発祥して以来、皇室本来の理念から見て(*1)未完成だったのだ。皇室は今ようやく、知られざる(*2)国祖〝アメノヒボコ（武内宿禰）〟の意図した通りの姿になろうとしている。

遂に弥勒の世になってしまったのだが、これも弥勒世の神の光を感じる人ならば分かるはずだ。

これは筆者が感じているだけなのだが、現在の天皇ご一家を見れば「成る程《なほど》」と納得できるはずだ。天皇ご一家は、本当に神格を具えた方々が家族となっているのである。前記の事実は、神に対する感受性があれば分かる。つまり、見る人が見れば分かる、とだけ言っておこう。

(*1)
「聖徳太子＋天武天皇」父子で皇室が完成する予定だった

実は飛鳥時代、第40代の天武天皇の在世時、皇室は完成しかけた。だが、天武が早く亡くなった（治世は十三年間と短い）のと、政敵が多かったことで、完成を見なかった。通説では『日本書紀』は天武のために書かれたことになっているようだが、実際には天武の正体と業績を隠すために書かれた。大部分の日本人は、千三百年前に、藤原不比等が藤原家支配のために編纂した『日本書紀』に騙されたままである。

天武の素晴らしい治世の実態は、嫁の持統天皇と藤原不比等のコンビによって記録から抹殺されてしまった。それだけでなく、藤原氏という寄生体（百済人）に支配される世となってしまった。持統は天武の敵だ。「天智・鎌足コンビの子供版コンビ＝持統と不比等」の登場によって、すべてが台無しにされた。

鎌足の正体は、落ち目の中臣氏の系譜に潜り込んだ百済王子・豊璋《ほうしょう》（白村江の戦いで滅んだ百済の義慈王の息子）である。天智・鎌足コンビによって暗殺された蘇我入鹿は、実際には輝ける飛鳥の大王だった。聖徳太子という名前の人物はいなかったが、蘇我入鹿こそが聖徳太子の実在モデルだった。天武は蘇我の大王・入鹿の息子だった（関裕二『天武天皇　隠された正体』ワニ文庫）。

蘇我入鹿は、天智と鎌足によって暗殺された（乙巳の変）。入鹿は皇位を狙う大悪人として成敗されたことになっているのだが、大化の改新は虚構である。これは不比等が編纂させた『日本書紀』の中だけの大嘘である。その大嘘を隠すためにこそ『日本書紀』が編纂されたのだ。

そのため、多くの日本人は未だに入鹿暗殺を正義と信じ込まされているのだが、既に『日本書紀』改《かい》竄《ざん》のカラクリは歴史作家・関裕二氏によって完全に解明されている（『なぜ『日本書紀』は古代史を偽装したのか』じっぴコンパクト）。

関裕二史の著作群（筆者は関裕二史観と読んでいる）を読まない限り、古代史の真実は絶対に解けない。関裕二史観の概要については、拙著『アジマリカンの降臨』（日本建国社）や関裕二氏の『「新史論」書き替えられた古代史』シリーズ（小学館）等を参照されたい。

(*2)

国祖〝アメノヒボコ〟とは

国祖とは日本建国の祖を短く表現した呼び方で、日本国を創始した人物が存在するという考え方に基づく表現である（拙著『日本建国の秘密　ヒボコ編』日本建国社）。神武天皇は記紀における創作上の人物であり国祖ではない。日本古代史学会は『日本書紀』に騙されたまま無為に陥っており、未だに日本建国の祖を突き止めていない。奈良県桜井市の観光課は纏向《まきむく》が卑弥呼の里だと思い込んだままである（桜井市ホームページ <https://www.city.sakurai.lg.jp/index.html>を参照）。

国祖は実在した人物である。国祖の代表的な呼び方が天日槍、天之日矛、都怒我阿羅斯等《つぬがあらしと》、武内宿禰、住吉大神、塩土老翁、おおたらしひこ（景行天皇）等の多くの名を持つ。国祖は隠された初代天皇であるが、応神天皇をヤマトに導いた陰の立役者である。

徳仁天皇と愛子天皇の二代で皇室が完成するとは、天皇国・日本の國体《こくたい》が完成するということだ。

この親子は日本神界の中心（「日本神話の原型の世界」としておこう）から、神の中の神として降誕した人物だからこそ皇室が完成するのだ。この父娘は神そのものなのである。今まで皇室に神がそのまま生まれてきたのは、武内宿禰（実は初代天皇だった）、神功皇后、応神天皇、蘇我入鹿、天武天皇ぐらいである。蘇我入鹿も天皇（大王《おおきみ》）であった。実を言えば入鹿と天武は親子だが、『日本書紀』が一切の証拠を消してしまった。また、親子二代の途中で中臣鎌足が入鹿を暗殺したので、入鹿が思い描いた理想国家（天寿国）は実現しなかった。書紀の入鹿暗殺場面で「韓人《からひと》、鞍作《くらつくり》（入鹿）を殺しつ。吾が心痛し」と嘆いた古人大兄皇子は、後の天武天皇本人である。入鹿から天武への皇位継承は既定路線だったが、乙巳の変で狂ってしまい、皇位継承はパッチワークになってしまった。

天武天皇の治世は、短かったとは言えその業績は素晴らしく、新羅の来朝を迎える、大嘗祭を執り行う、伊勢の斎王制度を始める、薬師寺を建てる、陸奥の蝦夷に爵位を与える、貨幣（富本銭）の制定、広幅道路（民が税＝租・庸・調を納めにゆくためのもの）を整備する等々、極めて精力的なものであった。

日月神も愛子天皇の経綸を語れず

筆者は徳仁天皇と愛子様を見て、二人とも神的人物であることが分かった。お二方は神（天皇霊）の心のままに生きていることが分かる。皇室の中に神聖なる父と娘の魂が降臨している。

大東亜戦争の終戦前後に神示を降ろした日月神《ひつくのかみ》（日継神《ひつぎしん》）は、その時点で「徳仁天皇の誕生と即位が神界で予定済み」であることを知っていた。そこは日月神を「偉かった」と誉《ほ》めておこう。ところが、愛子様に関係する経綸については『日月神示』は全く語っていない。そこは日月神の担当外だったわけである。

筆者には地球神・艮の金神や日本の神々、天皇霊が直接的に働きかけているという実感があるから、見えない世界のことも自分の体験として語らざるを得なくなっているのである。

処女作『アジマリカンの降臨』を書き始めた時から、「自分は一厘の仕組を完成させる」という自覚があって、「アジマリカンが一厘＝とどめの神である」と書いてきた。どういう形で一厘の仕組が完成するのかについては、その時点では明確には分かっていなかったことだ。

皇室の完成を認識するためには、それなりの事実の積み重ねが必要である。複数の事実を見ないと実感が湧かない。ところが、令和になって即位した徳仁《なるひと》天皇と成人した愛子様を見て弥勒世完成の確信を強めた。その確信とは「弥勒世の中心は徳仁天皇、愛子天皇の親子である」というもので、「宇宙創造神→太陽神→地球神→天皇霊→日本の神々」という宇宙神霊界諸階層で決定された結果である、という神界経綸を直覚できたのだ（拙著『愛子天皇と地球維新』日本建国社）。こういう話は証明できないし、現段階で証明する必要もないことである。真偽はいつも後から分かるのだ。

ちょっと考えてみよう。「神界から降りてきた神そのものという人物が二代続いて天皇になる」というのはどういうことか。

この事実は遂《つい》に弥勒の世になってしまったということなのだ。つまり、近日中に地球は世界一家の一家族状態になるという意味だ。地球維新――人類丸ごと救われるプロセス――が始まっている。人類の歴史は、ようやくハッピーエンドを迎えることになる。筆者は誰よりも早くその事実を体感（直覚）したのだ。

とどめの神の経綸「一厘の仕組」が完成するまでの具体的な道筋が見えてきた。アメノヒボコ（＝ツヌガアラシト＝知られざる初代天皇＝武内宿禰）が千八百年前に仕組んだ一厘の仕組の完成が明確になってきた。

一厘の仕組を一言で言い表せば〝あじまりかん〟である。筆者も、現時点まで五年間機関誌『あじまりかん通信』を書き続けることによって、そこまで分かったのである。

思えば、筆者がアジマリカンを初めて念じた時に、大神呪アジマリカンの本体（古事記の造化三神）が筆者に降臨して、次から次へと物語が降ってきた。それを書き留めたのが拙著『アジマリカンの降臨』である。ずいぶん時間をかけて同作品を書いたのだが、その結末がほのかに見えてきたのだ。

日本国の中心は〝天皇の座〟である

ここでは、天皇とは一体どんな存在なのか根本から考察してみよう。以下述べることは、ほぼ筆者のオリジナルだが、一点だけ谷口雅春師（生長の家教祖）の思想を継承している。

谷口師は「中心帰一」という理念を私に伝えた。大阪の住吉生まれの谷口師は自分が住吉大神の申し子だと思っていた。しかし、師が残した教えは参考にはなるが、時代に合わなくなってしまって久しい。

谷口師は「日本国は中心帰一の理念によって成立している」と説いたが、次に「日本国の中心とは天皇である」と説いた。これは前半だけ正しい。「日本国の中心は天皇個人ではなく、天皇の座である」というのが、筆者の新しい解釈である。理念のみが永遠である。「永遠なる天皇の座」こそが筆者の大発見なのだ。

この世の見えるものや出来事の奥には見えない世界が存在する。世界は多層構造になっているが、見えない世界の階層の方がずっとずっと大きい。だから、「目に見える日本国家の奥に神の世界や理念の世界が存在する」と考えた方が良い。

個人としての肉体天皇は有限な存在だが、理念としての天皇の座は永遠の存在である。天皇という存在の正当性・正統性は永遠なる天皇の座によってのみ保証される。また、天皇の座に降臨する天皇霊が天皇の神聖性を担保する。そのように天皇という存在を神霊界を含めて階層的にとらえる必要がある。

「天皇が日本の中心という考え方でよいのではないか」という意見があることも分かる。だが、この考え方は得てして唯物論や天皇崇拝に堕してしまう危険性を持つ。肉体天皇ではなく天皇の座が日本の中心である。

三種の神器問題も同じことで、物質的な三種の神器に頼りすぎるという問題がある。三種の神器は大切なものだが、その理念の方が比較にならないほど重要である。（『付録3　アジマリカンの心』の「アジマリカンは神のコトバである」を参照）。

「天皇とは日本の中心であって、日本に一人という存在だから大切だ」という考え方は、目に見えない天皇の座という理念によって初めて正当性を持つものだということを強調したい。

　こういう意見もあるだろう。天皇の座は理念なので目に見えないから、そういう理念が重要だと言われても頼りないしピンとこない。そもそも〝理念〟などというものが実在するのか。

　神の存在ということについても全く同じ事情があり、〝神〟という目に見えないものを頼りにするとはどういうことかと、疑問を持たれる方も多いだろう。

　筆者の体験から言うしかないのだが、〝理念〟も〝神〟も〝天皇霊〟も実在する。理念は理念界に、神と天皇霊は神界にそれぞれ存在する。だから、自分の心を理念や神に同調させる（チューニングする）だけで、それらを感得することができる。理念（言葉）にしろ神にしろ実体があり固有の波動である。人間の心身には同調機能（チューナー）が備わっているから、誰でもその気になれば、その実体を感得できるのである。

　天皇の座が永遠なる理念であり、三世紀初頭（およそ千八百年前）に日本に降りたということに重大な意味がある。ちょうどその頃に、南伽耶《かや》の人・都怒我阿羅斯等《つぬがあらしと》が敦賀に到着し、日本建国の具体的な歩みが開始されたからである。

　都怒我阿羅斯等はアメノヒボコや武内宿禰、住吉大神、塩土老翁、浦島太郎、等々の別名を持つということを覚えておいてほしい。これは関裕二氏の作品群に書かれていることであるが、筆者は自分の中にその人物が生きていることを知っており、その人物は天皇霊と一般的に呼ばれる天皇家の守護者である。天皇霊の実体については、今のところ筆者しか掴《つか》んでいないが、事実なので物証・記録を伴っている。必ず学説として認知される日が来るはずである。

やれ伯家神道だ、八咫烏だ、裏天皇だ、竹内文書だ、などということを得意気に語る人たちが多いが、そういう人たちも天皇霊は受けていない。よって、実体が伴なっていない。実体が伴わないのは実歴史とは無関係、すなわち、虚妄の説である。そういう輩が多過ぎるが、いずれ真実は学問の世界で明らかになるだろう。

現在人気の古代史家としては田中英道氏などが知られているが、田中氏は自分の動画で「関裕二なんてのがいるけど……」と過小評価していた。日本建国史の肝心な部分が「神武天皇は日高見の国から大和入りした」などと独善的である。

筆者は『発見！ ユダヤ人埴輪の謎を解く』（勉誠出版）は面白く読めたが、全体としては決め付けが多過ぎる。氏は美術史家として実績もあり著名だが、『日本書紀』に騙されたままである。田中氏には「「関裕二作品を読んでから再構築する必要がある」と言いたいが、高齢なので一から構築し直すのも難しいだろう。田中史観では正しい歴史教育の基礎とはなり得ないので、筆者は断固、関裕二史観を貫くのみである。

筆者は日本建国に直接関わった人物（現在は神霊）の実在を体感しているので、少し早目に真実を語ることができる。当会の機関誌や著作内に真実探索のヒントは一杯散りばめてあるので、本書の読者が裏付けを取ってくれることによって、遅かれ早かれ証明されるだろう。

筆者が語ることは真実だが、学説として確立されるには多少の時間を要する。筆者が一人で全部証明しなくても、誰かがやってくれるはずである。日本建国史は最高に面白いので、興味がある方は、先ず関裕二の本を読んで、ネタを仕込んでいただきたい（参考：『新史論 書替えられた古代史』シリーズ、小学館）。

天皇の座はアジマリカンから発祥した?!

大本の出口なお（教祖）や出口王仁三郎（女婿）、『日月神示』は真実に近付くための若干の手がかりを与えてくれるが、直接的な証拠を与えてくれるわけではない。また、神仕組に携わる者は各々一部の役目を果たすだけで、誰がどこをやっているかは、通常は当人にも分からない。筆者のように中核神が直接入っている人間でも、必要なことしか分からないようになっており、他人のことは分からない。

私が言っていることを信じる必要はないが、本章の中身を作業仮説にして各自が探索すればよいのである。古代史好きな人が「ひょっとしたら本当かも知れない」という意識を持って検証しないと、日本建国史＝天皇の歴史は絶対に分からない。

天皇の座とは宇宙の中心（見えない）を意味している。よって、天皇の座が存在する日本という国は宇宙の中心が顕れた国だということになる。宇宙が続く限り日本も続くということになり、『日本書紀』の天壌無窮の神勅「豊葦原《とよあしはら》の千五百秋《ちいほあき》の瑞穂《みずほ》の国は、是《これ》、吾《あ》が子孫《うみのこ》の王《きみ》たるべき地なり。宜《よろ》しく爾皇孫《いましすめみまゆ》就きて治《しら》せ。行矣《さきくませ》。宝祚《あまつひつぎ》之《の》隆《さか》えまさむこと、当《まさ》に天壌《あめつち》と窮《きわま》り無《な》かるべし」はそういう意味になるのだ。

日本国、天皇の座（＝中心帰一の理念＝國体）、天皇、三種の神器は、すべて同時に神・理念の世界から「アジマリカン」の一声《いっせい》で地上に降ろされた、と言うことができる。ツヌガアラシト（＝アメノヒボコ＝武内宿禰）によってアジマリカンの一声が発せられるまでは、それらは未発現であって、この地球世界には影も形もなかったのだ。誤解を恐れずに言えば、このツヌガアラシトは過去の自分だという実感がある。

『竹内文書』などという文献があって、今なおファンが多いのだが、これは偽物（創作）である。筆者は自分が武内宿禰だったという記憶を持っている。武内宿禰は三世紀頃に生まれたただ一人の人間であり、天皇家の創始者でもある。武内宿禰と台与（＝神功皇后）夫婦の子が応神天皇である。武内宿禰本人だった筆者が「竹内文書はただのゴミ」と言っているのだから、間違いのないことだ。

ユーチューブ動画などで、「武内宿禰は何世代も引継方式で名前が継承されて現在に至る」などと発言している方がいるが、武内宿禰という人物は三世紀頃に一人しかいなかった。ましてや武内宿禰は『竹内文書』などは残さなかったし、何派にも分かれて伝承内容を競うなどというのは馬鹿馬鹿しくて話にならない。

神功皇后と応神天皇を抱く武内宿禰。奈良県桜井市穴師の初代天皇だった。

『竹内文書』が語っている歴史も妄想の産物で、その内容から古代史を正確に再現することなど不可能である。武内宿禰の死後に、その伝承が勝手に膨れ上がって、伝承者たちが派閥を作っていっただけのことだ。筆者はそんなものは一切認めないし、そもそも、そんな文献は不要なのである。

『竹内文書』ではモーゼやイエス・キリストが日本にやって来たことになっている。だが、その必然性も必要性もないし、有意な証拠もない。「イエス・キリストの弟イスキリ」など、駄洒落《だじゃれ》としてもセンスが悪く噴飯《ふんぱん》ものである。仰々しい古代天皇名など例は挙げないが、いかにも出任せで怪し過ぎる。『竹内文書』などという代物《しろもの》は思想的貧困以外の何物でもない。理由は以下の通りである。

大神呪アジマリカンが降りた日本国は造化三神が降臨された国であるから、不足しているものはない。だから、そういった物欲しげな物語を作る必要がない。『竹内文書』は昭和初期に偽作者・竹内巨磨が持っていた西洋に対する劣等感の裏返し、つまり、思想的貧困から出た創作的文書でしかないのである。

だが、古史古伝にも本物がある。余談だが、実在の人物・徐福《じょふく》（あるいは後継者）が書いたと言われる宮下文書（富士古文書、寒川文書、などとも呼ばれる）は本当の情報を含んでいる可能性が高い（『徐福王国相模――古代秘史・秦氏の刻む歴史』前田豊、彩流社）。同書には「宮下文書には日本建国以前の情報が含まれている」、「かつて富士山が爆発した時に、宮下文書は寒川神社に移された」という意味の記述があり、無視できないと感じている。加うるに、徐福は大山祇神《おおやまづみ》であって、筆者とは霊的に交流があるからでもある。

蘇我氏は正義の味方だった

昨年のことだが、岡潔博士の『日本の国という水槽の水の入れ替え方』（成甲書房）を読んだ時、特に問題だと感じたのは「アメノヒボコを知らないこと」、「蘇我氏が悪者になっていること」であった。

筆者は戦後生まれなので、博士が学生時代に学んだ具体的な歴史内容は知らない。そこで、アマゾンから旧制高等学校の歴史教科書『［復刻版］高等科國史』を取り寄せて読んだ。

同作品の冒頭が「天壌無窮の神勅」（P.19参照）になっており、先ず感動する。続く見開きは「御歴代表」、すなわち、歴代天皇の一覧表である。「日本は神国である」という理念が教科書全体を貫いている。この思想は筆者が日頃語っている通りなので、「我が意を得たり」という気持になる。目次は次の通り。

実際に『復刻版 高等科國史』内容を読んでいくと、やっぱり駄目だ。肇国（日本建国）のところから全く事実とは異なっており、完全に書き換えたくなる。現時点で唯一正しいのは関裕二史観なので、同史観の思想「日本書紀の嘘を見破って真実の歴史を浮かび上がらせる」を適用し、一から書き起こさなければならない。

歴史教科書で一番問題となるのは「大化の改新」である。本来ならば、蘇我入鹿と天武天皇の父子がその時代の主役だったのを、鎌足と天智天皇が滅亡した百済の利益のために、入鹿を暗殺した（乙巳の変）からだ。日本の歴史は百済王族の後裔・鎌足のために大きく狂わされた。蘇我氏こそが正義の味方だったのだ。

日本の故郷＝纏向はのどかなり

大化の改新よりもアメノヒボコによる日本建国の方が重要だ。アメノヒボコは朝鮮半島の伽耶《かや》（もしくは新羅）の出身だが、その祖父か曾祖父は裏日本の但馬方面の出身である。アメノヒボコ本人は大陸的な思想を持っていたが、自覚としては日本列島人だったと考えられる。彼は長生きして武内宿禰として日本建国に深く関与した。それこそ、日本全土を縦横に駆け巡って国造りに一生を費やしたのだ。

アメノヒボコは当初は桜井市の纏向珠城宮《まきむくたまきのみや》に居を構え、書記の垂仁天皇（第十一代）としての事績を残した。垂仁《すいにん》天皇が自ら祭祀した兵主神《ひょうずのかみ》・蚩尤《しゆう》の移動は宮（皇居）の移動として記録されている。第十二代景行天皇は纏向日代宮《まきむくひしろのみや》→志賀高穴穂宮《しがたかあなほのみや》、第十三代成務天皇は志賀高穴穂宮（誕生日が武内宿禰と同じ）、第十四代仲哀天皇は志賀高穴穂宮→笥飯宮《けひのみや》→穴門豊浦宮《あなとのとゆらのみや》・筑紫橿日宮《つくしのかしひのみや》と移動している。すべてアメノヒボコ一人が移動したのだ。書記では武内宿禰（アメノヒボコ）が前掲の天皇たちに仕えていたことになっているが、別人ではなく武内宿禰本人が初代天皇だったのだ。人を食った話である。

相撲神社（カタヤケシ）：三世紀中頃、垂仁天皇（アメノヒボコ）の見ている前で野見宿禰と当麻蹶速が相撲を取った。相撲の始まりの地。昭和37年には、大鵬と柏戸の両横綱による土俵入りが行われ、十万人の人出があったと伝えられる。

藤原不比等は、国祖＝最初の大王《おおきみ》・アメノヒボコの存在を薄めるために、武内宿禰と天皇たちを別人格に分割してしまったのだ。高等科國史にアメノヒボコは登場しない。

第十代の崇神天皇は物部氏の祖＝饒速日尊《にぎはやひのみこと》で、垂仁天皇の宮居の近く＝磯城《しき》瑞籬宮《みずがきのみや》（纏向）に皇居を構えた。長髄彦＝日本武尊で、尾張氏の祖である。日本の王室は、蘇我氏（武内宿禰）、尾張氏（長髄彦）、物部氏（饒速日尊）の三氏族が寄り集まって談合してスタートした。

日本の肇国は「和をもって貴《たっと》しとなす」精神を地で行ったのだ。この事実を教えなければならない。邪馬台国は九州にあったが東遷しなかった。したがって九州勢力は纏向には来ていない。

蘇我氏、物部氏、尾張氏のうちで最も軍事力・経済力があったのが物部氏だったことから、物部氏が大和政権の中枢となり、その埋葬文化である前方後円墳が日本列島を席捲《せっけん》した。

筆者が日本国内で懐かしいと思う場所は、奈良県桜井市の纏向周辺、出雲地区、穴師《あなし》（ここが一番好き）である。明日香《あすか》村よりも纏向の方が一等好きなのである。

第三章　弥勒世へのシミュレーション

アジマリカンの三本柱とは

本章で述べることは、筆者がアジマリカンを知ったことによって直感・体感した自内証《じないしょ》の事柄である。自内証と言うからには、斎藤固有の認識内容であるが、読者もアジマリカンを唱える（または念ずる）ことによって同一の内容をその人なりに体感可能であるという考え方が存在する。

アジマリカンとは、この言霊（コトタマ）に固有の法（＝成立している決まり事、法則のようなもの）が存在することを暗黙で想定している。アジマリカンには次のような三本柱が存在する。

①埋没神の降臨　……　アジマリカンで埋没神＝とどめの神が降臨する

アジマリカンという言葉は神の音声的顕現である。「アジマリカン即神」というのは筆者の認識だが、この認識はアジマリカンを唱える（または念じる）ことによって共有可能、すなわち、誰でもアジマリカンで神を体験認識することができる。アジマリカンで地球人類は無条件に一体化できる。

②アジマリカン効果　……　アジマリカンで願いが叶う

アジマリカンは宇宙の創造エネルギーを音声化したもので、唱える際に込められた願いに従ってその願いを現実化する。アジマリカンのこの働きをアジマリカン効果と呼ぶ。

すなわち、弥勒世の成就を強い願いとしてアジマリカンの言霊に込めれば、必ず弥勒世が実現する。弥勒世とは地球が日本一国となった完全平和と繁栄と発展が約束された世界である。

③弥勒世の完成……とどめの神が弥勒世の完成を導く

悪（または闇）が浄化されることによって弥勒世と呼ばれる新しい世界が切り開かれる。その新しい世界を「神の国」と呼ぶ。ここで勘違いしてはいけないのは、「すでにとどめの神が降臨しているからこその大浄化である」という認識が必要だということだ。つまり、弥勒世がそれらしい姿になる前に人類が受けるべき通過儀礼とは神のなせる業《わざ》だという捉《とら》え方である。浄化作用は、既に神が降臨されている結果として起こっているということだ。神の方が先なのである。

これらの主張はあくまでも斎藤の中の認識だが、以上の三本柱によって地球は弥勒世に突入した（過去形である）。現在、地球人類は弥勒世開始期の通過儀礼のまっただ中にある。

繰り返しになるが、「弥勒世開始期の通過儀礼」とは、地球人類が悪を認識することによって大掃除（＝大浄化）が起きるということだ。通過儀礼における「悪の認識」というのは大なり小なり苦痛を伴うもので、生易しくはない。ある人にとっては重荷と感じることもあろうし、出直しということもあり得る。

悪の認識作業というものは非常に疲れるものだが、見えざる神の導きのもとで行われるものだということを頭にたたき込んで置く必要がある。

筆者は世界の最新情報を知るためにユーチューブ動画を見続けているのだが、その理由はユーチューブ視聴が基本的に無料だからだ。有料のニコニコ生放送等もあるが、よほど特別な情報を取りたい時のみで、利用度はほぼゼロである。今の時代、自分から情報を取りに行く情報力が必須になっているが、やはり無料というのはありがたい。

最重要事項＝愛子天皇の実現

日本と世界はますます混迷の度を深めている。ユーチューブで最新動画を見続けて問題となるのは、「いったい誰が正しいことを言っているのか」ということだ。あまりにも多くの動画を見過ぎて、真実が見えなくなってしまうことが一番怖い。

例えば皇室問題では、前章で「女性天皇と共に明るい日本を実現する会」のくぼた京《けい》氏を、愛子天皇推進派ということで紹介した。くぼた氏は熱心に「愛子さまを天皇に」というキャッチフレーズで活動されている方だ。筆者も「ものは試し」ということで、昨年末に愛子様のお誕生日をお祝いするパレードに参加した。ところがくぼた氏の活動のあり方が最初に受けた印象からは少し変わってきた。くぼた氏は、昨年まで色々な迷惑行為を受けていたためか、活動のあり方が筆者の方向性とは合わなくなってきたと感じるようになった。

その感じ方は、「発言内容が介護問題やジェンダーフリー問題まで広がって、愛子様へのフォーカスがボケてしまった」というものだ。ジェンダー問題をことさら言い立てるのは左翼の常套《じょうとう》手段で、くぼた氏は流行《はや》りの左翼思想に引っかかってしまったようだ。真正保守はジェンダーとかLBGTとかいう言葉の使用を拒否する姿勢が求められる。それらの言葉は左翼勢力が平和な社会に乱をもたらす破壊兵器だからだ。

くぼた氏はまだ若いのでこれからの人材であろう。くぼた氏には、愛子様絡みでいずれまた出会うことがあるかも知れないということで、しばらくは忘れておこう。今後のくぼた氏との再会（十分に起こり得る）に期待することにしたい。

その一方で、皇室の諸問題に関して活発な情報開示を行っている方を見つけた。すでにご存じの方もおられると思うが、２０２０年当時に参政党の結党メンバーだった篠原常一郎氏（軍事評論家で、ロシア、ウクライナ、朝鮮半島に詳しいジャーナリスト。元共産党員だったが現在は保守系に転じている）がユーチューブに「古《ふる》是《ぜ》三春《みつはる》チャンネル〈https://www.youtube.com/@user-rw5uq5nn7k〉」を開局していることが分かった。会員数も２０２３年２月末時点で三十万人弱と支援者も多い。

篠原常一郎氏

篠原氏は筆者よりも若くて元気一杯の方だが、現在活発に動画を中心とした情報発信を行っておられることが分かった。昨年のことだが、参政党関連の動画を見ると篠原氏の名前が何回も挙がっていた。そのため、たまたま表示された篠原氏の動画を視聴したことで何本か続けて見ることになった。氏は皇室や政治に関してなかなか鋭い分析をしておられ、話が生々しく非常に優秀な方（プロ）だということが分かった。氏は世界情勢や政党政治、軍事関連等についても専門的な理解と調査力を持ち、確かな情報をつかんでおられる様子である。

篠原氏のライブ配信動画はかなり過激だが、真実を語っていると思えるものだ（例：２０２３／０２／２６配信の「【緊急配信】Ａ宮の被がい広がる・京都嵐山」〈https://www.youtube.com/watch?v=u3L_2DJuRc0〉。

この動画は、「Ａ宮が関係する京都嵐山の鵜飼《うかい》関係者が建てた建物が廃屋になっている」という実況報告である。Ａ宮にお土産が渡されており、名前を使わせたＡ宮にも責任があるということだ。

鵜飼業者は一種の汚職に巻き込まれて無理矢理会社を作らされて被害者になってしまったようで、「今や給料は月々十万円しかもらえず、京都の鵜飼文化が滅びてしまう」とレポートされていた。

勇気のある方だと思う。篠原氏は命懸けなのだが、画面の向こうの脅迫者に向かって「私を脅したって事実の裏付けがあるから、事実を暴露したら恥をかくよ」と本気で怒っていたことが強く印象に残った。

篠原氏は一本筋の通った愛国者で、日本にとってありがたい人物である。

「篠原先生、奥様、遥々京都まで足を運んで下さりありがとうございます。今の日本は政治家も官僚も腐りきっていて瀕死の状態ですが、篠原先生のような私利私欲に溺れない正義感を持つ一握りの方達のお陰で何とか持っているような気がします。私達国民一人一人が政治や日本のことに興味を持って声をあげていかなくてはダメですね」

とは視聴者のコメントだが、筆者も全く同感である。

ちなみに篠原氏も皇位の安定継承の観点から愛子様が皇位継承する可能性を肯定している。

筆者も「篠原氏のように勇気を出さなければ」、「これからは、どんどん外に出て行こう」という思いを新たにした。この地点に来るまで時間がかかったが、いよいよ筆者にとって「行動あるのみ」の段階に入ったようだ。A宮家の闇がどんどん明らかになってきており、皇室典範改正が近づいている。

スピリチュアル系に対する見解

筆者はスピリチュアルという言葉を使わない。英語をカタカナ化した言葉「スピリチュアル」は曖昧だからだ。最近は、ご縁のあった方からの紹介などで、「スピリチュアル系」という分野の講演会に行くといった機会が増えそうである。今回も〇マーリエ氏という方の霊言の世界を紹介する講演会に参加する機会を得たが、アセンションの捉え方が筆者と全く違っており、納得できなかった。

筆者は、過去の著作（『日本建国の秘密 ヤコブ編』日本建国社）でも「スピリチュアリズムの定義」という観点で触れた。ご興味のある方は前掲書（そこではスピリチュアリズムを分析した）を参照されたい。

本章では、より一般的な「スピリチュアリズムの説明方法や構成概念」という観点より、筆者の考え方を整理しておきたい。見えない世界を理解するための最高の知識を得るため、用語説明から入っていこう。

スピリチュアル：日本語に訳すれば「霊的な」である。主義という観点では「スピリチュアリズム（＝心霊主義）」となる。コトバンクでは「広く霊（心霊）の実在と人間への種々の働きかけを認める立場で，〈心霊主義〉〈心霊学〉などと訳される。哲学上の唯心論も原語は同じ」とある。心霊の世界は言語化困難なので、直感や体験がなければ実感することができない。その意味で、心霊の世界は個人の体感に頼るしかない世界である。霊の世界も体感可能な現実でありスピリチュアルではない。

アセンション：筆者は「神化」と定義する。神化には個人レベルのものと世界レベルのものが存在する。今回の神化は世界レベルのもので、地球全体が神化する。地球の神化とは地上に真《ま》っ直《す》ぐに神国が降りてくることである。神化を即実現する言葉が〝アジマリカン〟である。

高次元世界：「…次元」という表現は極めて曖昧なので、正確に「霊的階層」と言わなければならない。スピリチュアリズムでは、「私たちの住んでいるのは三次元世界、それより上が高次元世界で、四次元世界、五次元世界、……」と説かれる。三次元世界よりも上の世界という時の、「上」という言葉の意味が未定義である。そもそも四次元世界より上の世界という時、三次元世界に住む我々には四次元以上の次元は認識できない。よって、高次元世界とは具体性を欠いた世界であり、曖昧な高いレベルを想定しているだけである。スピリチュアリズム的な「…次元」という表現は使ってはならない。

審神《さにわ》：スピリチュアリズムには、常に「誤った情報を本当だと思い込む危険性」が伴う。何でもありの世界になりがちだ。その世界には霊的存在の善意からでたものもあるが、悪意から出たものもある。玉石混淆の世界になってしまう可能性が高い。心霊世界と関わる人間には、よいものだけを拾い上げるという鑑識眼が必須となる。この鑑識眼を働かせることが審神《さにわ》という行為である。今や霊的世界に携わる人間は、自らが自己の精神世界に対する審神となって、起きてくる霊的現象を絶えず篩《ふる》い分ける態度が求められる。

霊魂：霊魂という言葉を「霊」と「魂」に分解して意味を捉えようとしても、霊と魂の違いが十分には分からない。「霊」も「魂」も「霊魂」もほぼ同じ意味で使用されていることに気づく。この事実は、「霊的世界の言語的表現には限界がある」ということで、そもそも霊的世界を言語化するには通常の言葉では不可能に近いため、頑張っても雰囲気的な表現しかできないという制約が伴う。

霊言：霊界の霊人が伝えたがっている教え等を一般的に「霊示」「神示」と呼ぶが、霊言は霊示の一種とみなすことができる。最近の例では、高橋信二氏、娘の高橋圭子氏のGLAや、最近亡くなった大川隆法氏の幸福の科学が有名である。〇マーリエ氏もそれらの派生とみなすことができる。霊言を降ろすということは自分を空っぽにして霊に語らせることだから、霊媒（チャネラー）側の主体性が失われるという結果を招きやすい。「霊言の内容が素晴らしい」と言われそうだが、それは大きな間違いである。霊言を受ける側の主体性の方が霊言の中身よりも一層重要である。過去の偉人達の霊言など無価値（＝ゴミ）である。「あなた自身が今地球で何をしたいのか?!」と言いたくなる。

光と闇：光とは神的な現象や出来事、闇とは光の対立概念だが、光のみ実在するということではない。光にも実体があるし、闇にも実体がある。闇を言い換えれば「穢《けが》れ」であり、穢れは禊《みそ》がれなければならない。「穢れを禊げば本然の自己を取り戻せる」というのが日本古来の考え方である。

神と鬼：古代では、神と鬼は元来同じものを意味していたが、七世紀頃に神は善で鬼は悪と峻別されるようになった。つまり、良き存在を貶《おとし》めるために「鬼」というレッテルを貼るようになってきた。その意図とは、歴史上の勝者が敗者を神から鬼＝悪者へと貶めることであった。

歴史を糺《ただ》す：日本の歴史が分かり難《にく》いのは、歴史の勝者・藤原氏が、実際には正しかった者たち（神の側）を鬼にしたかったことに起因する。『日本書紀』は藤原氏（受益者である）の正義を捏造《ねつぞう》した政治的書物である。その意味で、藤原氏によって貶《おとし》められた鬼たちの真実を掘り起こす以外に歴史を糺すことはできない。輸入ものの〝スピリチュアリズム〟には日本の歴史を糺す力はない。

以上の用語の意味を見ただけでも、霊の世界は言葉だけでは理解できないことが分かる。「スピリチュアル」、「アセンション」などの言葉は一種の流行《はや》り言葉だが、英語を単にカタカナに置き換えただけのものだから、百害あって一利もない。特に前掲の二語は対応する適切な日本語を使いたいものだ。

しかしながら、ユーチューブのスター、シード、チャンネルやＪＣＥＴＩ《じぇいせてぃ》グレゴリーサリバンチャンネルを見ていると、言葉は英語起源のカタカナばかりだが伝わってくるものがある。しかし、最近のスターシードチャンネルは深い知識が伝わってくるので、良いところもあると思った。これらのチャンネルのユーチューバーたちは本当のことを言っていると感じる。

両チャンネルは互いの交流もあって活発に情報発信をしているが、英語起源のカタカナ用語を適切な日本語に置き換えれば、伝わってくる情報も深く確度の高いものとなる。

欲を言えば、アジマリカンのような中核的な言葉があれば、さらに確かなものになると思われる。両チャンネルの内容に関しては、皆さんが実際の動画を見て確認されるべきと思うので、本章では取り上げない。

最近はネット検索機能が進化してきており、十年前とは異なり、スピリチュアル関連の用語解説がかなり詳細に表示される。スピリチュアル系の知識も楽に得られるようになった。この変化はグーグル検索エンジン等の機能がＡＩによって強化されたことを意味しているが、手放しで喜べるような現象ではない。

現時点でのスピリチュアル系や霊言に対する筆者の意見は「色々な意味で安直であり信頼性が乏しいため、係わりたくない」というものだ。アジマリカンはスピリチュアル系ではなく神系《かみけい》である。

日本建国という特異点について

さらに「歴史を糺す」の説明にもあるように、日本の本当の歴史を掘り起こす以外に日本を正しい姿に変貌させる近道はない。だが、希望はある。前章でも一部紹介したが、既に歴史作家の関祐二氏によって日本古代史の謎があらかた解かれてしまったと感じているからだ。繰り返しになるが、この歴史を筆者は「関祐二史観」と呼んでいる。同史観において、我々日本人の歴史は取り戻されつつある。

今のところ、ユーチューブで関祐二史観が取り上げられることは皆無である。よって、手放しで「日本の前途は洋洋」とは言い切れない状況だ。筆者の歴史観は関祐二史観をベースとしているため、あくまでも実の歴史が対象となる。従って、竹内文献等の超古代史は扱わないし、アトランティスやムー、レムリア等の超古代文明も不可知領域として扱わない方針だ。超古代史等の曖昧な世界は根拠が乏しく、放っておくに限る。

特に言っておきたいのは、『竹内文献』は竹内巨麿《きよまろ》によってコソコソと書かれた嘘八百のでっち上げ文書である。同文書を飯のタネにしている連中が多過ぎる。彼らは真の日本建国史を知らないので、日本に貴重な宝物が埋まっていたことを知らない。そのため、外国の神としてモーゼやキリストを取り入れて日本を立派に見せたかったに過ぎないのである。つまり、『竹内文書』は竹内巨麿の抜きがたい劣等感と無知をさらけ出した偽書に過ぎないのである。

実の歴史の中でも最重要と考えているのが「日本（ヤマト）建国という特異点」である。この特異点の詳細を明確にしない限り日本を根本的に良い方向へと変えてゆくのは難しい。

日本建国、アジマリカンという言霊の出現、天皇家の発祥は、ある一群の人物たちによって日本列島内に作り出された、地球歴史上の特異点（実際には広がりを持った特別の時空間）である。日本建国がどうして特異なのかと言えば、宇宙創造神と地球神が降臨して導いたからである。

地球の歴史上で宇宙創造神と地球神が降臨したのは日本建国という出来事が最初なのだ。その神が弥勒世と呼ばれる現時点でもアジマリカンの言霊として降臨している。だから特別なのだ。アジマリカンとは、その特別な出来事を証《あかし》する言葉なのだ。

次に示すのは、日本建国という特別な出来事を説明するための「表：一《いち》二《に》三《さん》の法則」である。一二三とはアジマリカンという言葉が持つ固有のリズム・三拍子を意味している。

【表：一二三の法則＝「アジマリカン」の創造原理】

一	二	三	備考
あじ	まり	かん	結びのコトタマ
陽（高御産巣日神）	陰（神産巣日神）	陰陽の結びの結果＝創造物	古事記では天之御中主神を加えて造化三神とする
父	母	子	
伊耶那岐命（父）	伊耶那美命（母）	三貴子（子）	筆者の古事記解釈に基づく
天照大神	月読尊	素戔嗚尊	独自解釈
ヤコブ＝イスラエル（十氏族＋α）	縄文（弥生ではない！）	日本国誕生	日本建国の本質。筆者の旧作を参照
アメノヒボコ＝武内宿禰（父）	トヨ＝神功皇后（母）	応神天皇（子）	皇室の発祥
徳仁天皇	雅子皇后	愛子様	徳仁天皇には神格が備わっている
草薙剣（尾張氏）	八尺瓊勾玉（物部氏）	八咫鏡（天皇家＝蘇我氏）	勾玉の起源は縄文時代

三種の神器

アジマリカンという言葉を解釈することはある程度可能だが、一・二・三の三拍子、陰・陽・創造物、父・母・子といった「三つで一組」の概念（複数）という型（＝パターン）として捉えるのが適切だと考える。

アジマリカンについては、そのように「いち・に・さん」の型で捉えるのが最もしっくりくる。

アジマリカンとは創造原理（＝結びの法則）に他ならない。言い換えれば、アジマリカンとは宇宙創造神（＝結びの根源神）の音声的顕現である（参考：拙著『結び、愛国、地球維新』日本建国社）。

一．アジマリカンという言葉が表現する創造原理とは宇宙創造神の基本法則である。

二．アジマリカンという言葉が降りたことにより、日本に天皇の座という中心ができた。

三．天皇の座が存在する日本という国は宇宙の中心を意味している（＝日本が世界の中心となる）。

以上が、アジマリカンに関する筆者の現在の理解だ。筆者は「アジマリカンを唱えればどなたでも分かる」という信念の元にこういう話をしていることをご理解いただきたい。

結局、アジマリカンを唱えなければ、筆者がこのような信念を表明する機会もなかった訳で、筆者が本章で語ることのすべては、数年前に筆者が自分でアジマリカンを実際に唱えたところから始まっている。その体験を「あじまりかん体験」と呼んでいるが、「アジマリカンによって人類が丸ごと神化される」と直観しているからこそ、このような話をしているのだ。アジマリカンが人類を最終的に一つに結び合わせるのである。

話の流れがスピリチュアルからアジマリカンに切り替わってしまったことに気付く。うまく言えないのだが、スピリチュアル的な世界にもアジマリカンのような強力な中心概念が必要であると感じる。

中心概念と言えば、日本にはそれを具現した「天皇の座」という理念が現存する。「天皇の座」は筆者の発明だが、古語では「高御座《たかみくら》」である。

天皇の座という理念は、国民が天皇個人を崇拝するような事態を避けるために導入された。天皇の座の古語は高御座《たかみくら》だが、天皇が座る物理的な椅子ではなく、見えない椅子があると捉えたい。

現在天皇の座に就かれているのは徳仁天皇である。徳仁天皇を初めとする天皇ご一家は神の御心をそのまま体現しておられる。

このご三方は日本建国時に志願されて、弥勒世の象徴（中心）として、現在のお立場に臨まれているのだ。現在の日本国民に必要なのは、現在の天皇ご一家が体現されている神聖な雰囲気に対して心を開き心を繋いでゆくことである。そのことを強調しておきたい（参考：拙著『愛子天皇と地球維新』日本建国社）。

スピリチュアル vs アジマリカン

ここまで長々とスピリチュアルやアジマリカンの創造原理について検討してきたのは、これから話そうとしているテーマ「UFO&異星人&フリーエネルギー」に入ってゆくための事前準備であった。どうして「スピリチュアル系」について説明したのかと言えば、前掲テーマは通常、スピリチュアル系の枠組みで語られることが多いからだ。

だが、この分類は間違いである。なぜならば、UFOも異星人もフリーエネルギーも全てスピリチュアルではなく現実的な存在だからである。筆者が言いたいのは「スピリチュアルな世界も今や現実世界の仲間入りをしている」ということだ。「霊的世界をいつまでも現実世界の外側に置いたままではいけない」というのが筆者の信念である。

その信念に従えば、ＵＦＯも異星人もフリーエネルギーも実体があるので、筆者にとっては現実世界の一部でしかない。我々は見えない世界にまで現実世界を拡げなければならないのである。そういう世界認識の拡張を行わない限り、いつまでたっても地球が弥勒世の姿を現すことはない。

筆者がそのように考えるようになったのは、アジマリカンを唱えた時の体験に基づいている。

筆者が初めてアジマリカンを唱えた時に神が実体として顕現した。神ご自身が波動的、エネルギー的な存在を顕わにしたのだ。筆者がどうこう思うのとは無関係に、神の方から勝手に降臨したのである。

アジマリカンの何がすごいのかと言えば、ただ唱えるだけで宇宙創造神が一種の波動として鳴り響くことにある。多くの方は宇宙創造神の波動がどんなものか知らない（または思い出せない）ので、アジマリカンを百万回唱えても、宇宙創造神が来ていることに気付かないのだ。個人がアジマリカンを唱えれば必ず神が降臨する。これは個人の神化という出来事である（強いて言えば個人的アセンションである）。

筆者はアジマリカンを唱えるようになってから、アジマリカンの伝承者である「山蔭神道」という古神道の一流派について、その教えを勉強するようになった。当時は山陰神道の第七十九世・山陰基央管長もご存命で、師の著作を隅から隅まで読むようになった。だが、なかなかアジマリカンという言霊の本質は解明できなかった。

だが、山陰師の『神道の生き方』（学研）の中に鍵となる図が掲載されているのを見つけた。

その図の左右には神代文字で「アチマリカム」と書かれており、「天津《あまつ》渦渦《うずうず》志八《しや》繫《つなぎ》之《の》神結《かむむすび》」というキーワードが掲載されていた。しかも、中央の行者には上から左巻き渦が流れ込み、下方に右巻き渦が流れ出している。同図を発見した筆者は嬉しさのあまり踊り出したいほどだったが、それだけの価値がある発見であった。ついにアジマリカンの解明図を発見したのである。

瞑想時の想念抽象図

天津《アマツ》渦渦《ウズウズ》志《シ》八繋之神結《ヤツナギノカムムスビ》　Spiral energy field

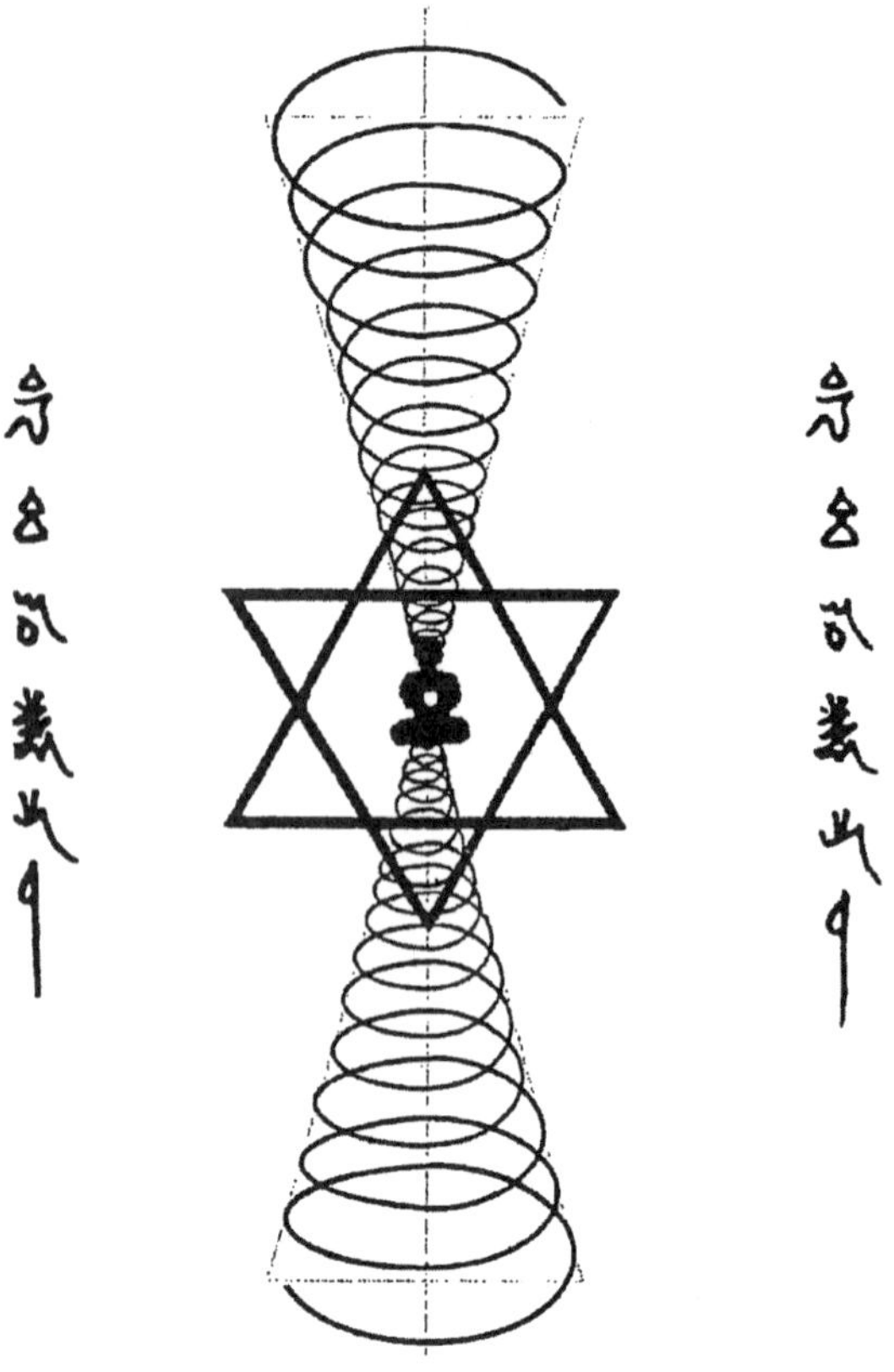

大神呪（真言）「アジマリカン」

左巻き渦は凝縮（求心力）・右巻き渦は拡散（遠心力）

アジマリカン解明図(山陰基央『神道の生き方』より)

アジマリカンとは「天津渦渦志八繋之神」の「結《むすび》」の機能であり、別名は「大元尊神《だいげんそんしん》」と呼ぶ造化三神の音声的顕現であった。「造化三神の音声的顕現」とは、アジマリカンという音自体が造化三神の実体を伴うということを意味している。宇宙創造神は波動的な存在なので、唱えればその波動をキャッチできるのだ。

思うにこれは人類始まって以来の大発見なのだが、ほとんど誰からも反応が返ってこない。この事情は、

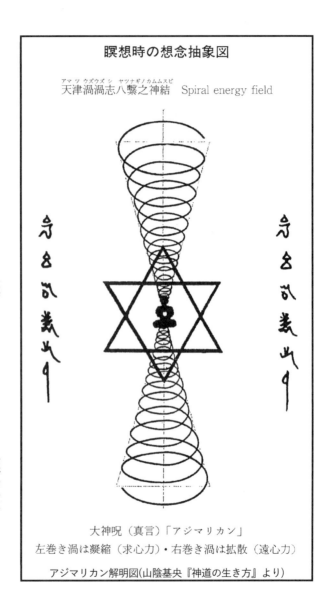

思うに、宇宙創造神の実体を感得できる人がほとんどいないということに他ならない。

「造化三神」とは、『古事記』という書物に関わった日本民族の霊感による命名だ。日本民族は宇宙創造神を創造機能として把握していた。宇宙創造の始原のコトバこそが「アジマリカン」だったのである。

アジマリカンを唱えれば宇宙創造の根源エネルギー（＝神力）と合体し、強く明るく調子よく神力を発動する。そういうアジマリカンの設計思想を解説する図が山陰師の先代によって描かれていたのである。この図が残っていたことに感謝である。

アジマリカンには設計者がいる。その設計者は宇宙創造神＝造化三神＝大元尊神＝天津渦渦志八繫之神である。造化三神が地球レベルに顕現したのが「とどめの神＝国常立命＝兵頭神《ひょうずのかみ》・蚩尤《しゆう》＝素戔嗚尊《すさのおのみこと》＝地球神＝地球霊王（サナート・クメラ）」である。

鞍馬山の魔王尊（閻魔《えんま》大王でもある）とは地球神なのである。今現在が弥勒の世である。「弥勒の世」とは、地球神が全力で地球人類を一つにまとめ上げ、平和な世界を完成させるこの時代なのである。

ここで注意すべきは、素戔嗚尊は地球神であり、鞍馬山の魔王尊でもあるという（霊的）事実だ。そして、素戔嗚尊はアメノヒボコとなって日本を建国した（関祐二著『アメノヒボコ、謎の真相』河出書房新社）。日本は地球神が主導して建国されたのだ。日本の国祖は地球神だったのである。

スピリチュアル系を含む精神世界系の発言や教派神道系教祖様のお筆先として、「世界は日本一国になる」という意味のメッセージが幾つも表現を変えて出ている（例：天理教のお筆先）。日本建国の神が地球神である以上、必ずそうなってゆくのである。目に見える中心は徳仁天皇であるが、天皇が尊いのは天皇の座という理念＝設計思想が存在するからだ。理念が貴いのであり、天皇を個人崇拝してはならないのである。

『古事記』の神々については、拙著『日本建国の秘密：ヤコブ編』（日本建国社）等で詳細を検討したが、時が経《た》つにつれ、筆者の認識内容も少しづつ深化してきている。いずれ項を改めて再整理したい。

フリーエネルギーの正体

ＪＣＥＴＩのグレゴリー・サリバン氏は、米国のディスクロージャー・プロジェクトに関わってきた人物だ。ディスクロージャー・プロジェクトとは、ＵＦＯ＆ＥＴ＆フリーエネルギー関連の情報を開示する活動で、スティーブン・グリア博士によって開始され、二十年以上継続されている。

氏は今や、日本をＵＦＯ関連情報開示に関して本格的活動を展開するための中心と考えて、活発に活動している。最初にディスクロージャーについて、動画「【貴重】スティーブン・グリア博士【２０２０年】日本へのメッセージ〈https://www.youtube.com/watch?v=s79fMHonEv0〉」より簡単に紹介しよう。

【ディスクロージャーとは】

ＵＦＯ・ＥＴの目撃体験、フリーエネルギーや反重力推進技術などについての情報は、長い間闇の勢力により隠蔽され続けてきました。その全面的な公開を求め、問題の本質を詳細に解き明かし、地球の危機を救うため、人類に行動を促します。

地球上の様々な問題において「我々は、全てを解決する技術をすでに手にしている」ということを知ったら、あなたはどう思いますか？

日本はディスクロジャー後進国と言えるほどその認知度が低いのが現状です。

私たちは日本でディスクロージャーを展開し、人類に新しい宇宙文明をもたらすことをこの活動の目的とします。

そういうサリバン氏もユーチューバーであり、動画では流暢な日本語で様々な情報を展開している。ところが、彼の日本語は十分に理解できるレベルであるにもかかわらず、一点問題があると感じる。彼が語っている内容は日本語としては正しいいし、熱意や誠実さは伝わってくるのだが、私の聞き方に問題があるのだろうか、伝わるものが乏しいのだ。サリバン氏の把握しているエネルギーのようなものが今ひとつ響いてこない。サリバン氏はこの日本という地場（例えば鞍馬山）で、日本の神々を感得される必要があろう。

スティーブン・グリア博士の前掲動画でも、日本への彼なりの理解が示されていたが、もう一つ訴求力がない。博士も日本の歴史を知らないいし、日本の神々も知らない。だから、伝わってくるものが乏しい。フリーエネルギーの話も出てきたが、未来のイメージが表示されるだけで、社会システムの根本的変化（貨幣経済の克服等）に関する言及はないし、イメージとして非常に甘い。何か決定的要素が不足している。

『スタートレック　ピカード』より

筆者はSFのスタートレックシリーズのファンで欠かさず見ている（現在はスーパードラマTVで『スタートレック・ピカード』を放映中）。ところが、ワープや物質転送、レプリケーター（注：何でも合成できる機械）などの高度な科学技術やアンドロイド（「シンス」と呼ばれる人造生命体）は登場しても、社会システムについては具体的な描写や説明がない。彼らは未来人で宇宙を縦横無尽に駆け巡っているのだが、人類が貨幣経済を克服しているのかどうかが分からないのである。

スタートレックの脚本家に想像力がないのだろうか？

いや、そういうことではないだろう。以下はあくまで筆者の想像である。問題はスタートレックの物語にフリーエネルギーという概念や言葉が出てこないことにある。筆者は日本で放映されたスタートレックの全シリーズを見ているが、フリーエネルギーという言葉は一回も出てこなかったし、スタートレックの世界で使われているエネルギーの発生方法については完全にブラックボックスなのだ。

フリーエネルギー化社会の１シーン（動画『映画「失われた世紀」のクラウドファンディング用ズームよ

ワープや物質転送、レプリケーターによる物質合成においては、現在の地球で消費されるエネルギーの数万倍、あるいはそれ以上の桁違いのエネルギーが必要となる。そのエネルギーは一体どこからどういう方法で得ているのだろうか？

スタートレック等のＳＦドラマでは、フリーエネルギー発生技術を暗黙で使用しているとしか考えられない。現在、私達の地球は既に弥勒世に突入している。つまり、フリーエネルギー技術は既に使われているとしか思えない。

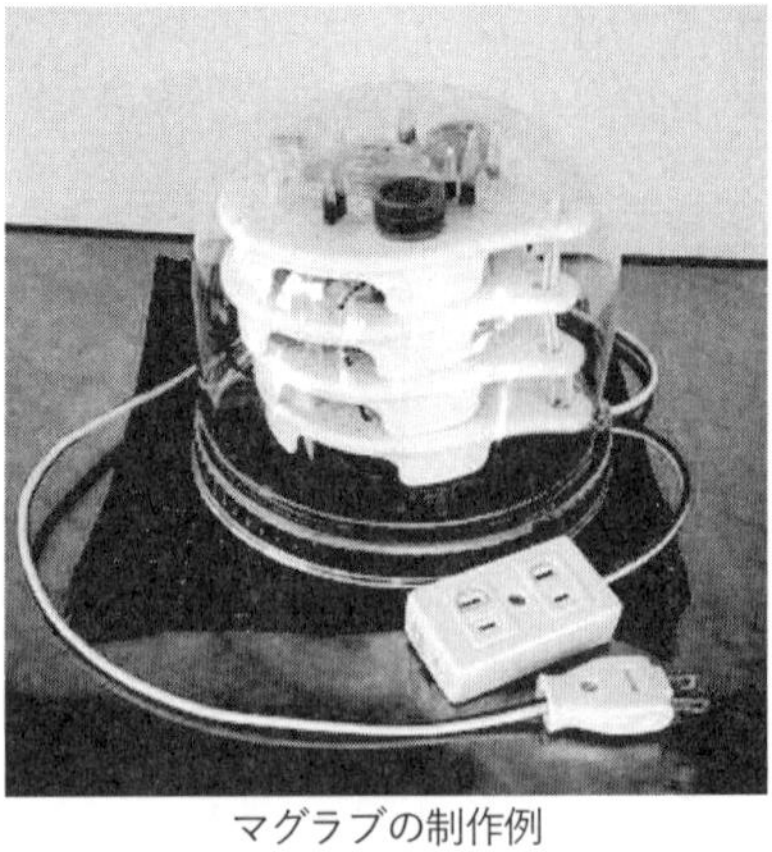

マグラブの制作例

フリーエネルギー装置

スターシードチャンネルの動画『【情報開示】フリーエネルギー〜宇宙人とのコンタクトへ繋がる「私たちの意識」〈https://www.youtube.com/watch?v=fhC3Nejt95k〉』では、自分で装置を作って自分の家で利用している人物が登場している。昔ほどはDSのチェックが入らなくなってしまい、個人がフリーエネルギーを勝手に使えてしまう時代になっているようである。フリーエネルギーは現在進行形らしい。装置を実際に販売している会社も出てくるぐらいだ。

フリーエネルギー発生装置の例。実証実験を見ればすごさが分かるが、果たして本物か？！　さらに調査を続けよう。

ところが、世の中に出回っているフリーエネルギー装置はほとんどが名前だけのもので、本物ではない。例えば、多治見市では「フリーエネルギーハウス」を販売しているが、これは太陽光発電と蓄電池を組み合わせたもので、明らかな誇大広告である。家庭用フリーエネルギー装置「マグラブ（ＭＡＧＬＡＢ）」という商品が売られているが、これも純然たるフリーエネルギーではなく、一種の省エネ装置のようだ。

マグラブについては、『ケシュ財団がフリーエネルギー装置を販売

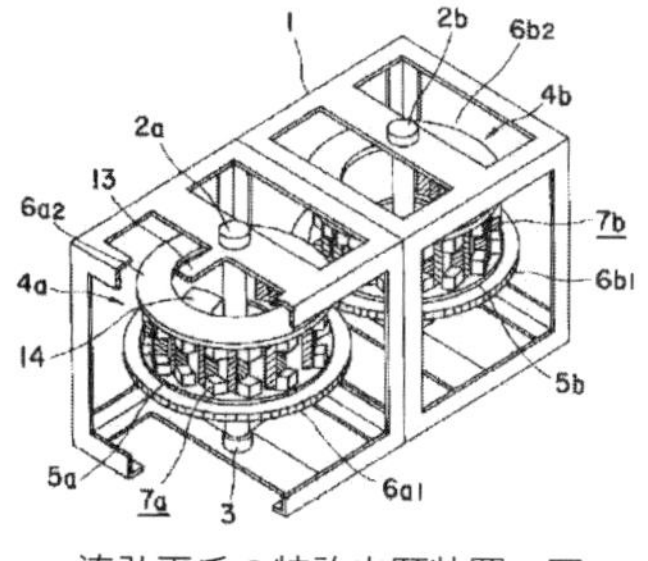

湊弘平氏の特許出願装置の図

開始【拡散記事】〈https://keen-area.net/2015/251/〉』が参考になる。ケシュ財団の装置は設計図も公開されており、国内には装置を作るワークショップも存在している。ただし、その装置はゼロからフリーエネルギーを作り出すものではない。

本物はないのかとさらにネット検索すると、既に国内特許取得済みの装置が複数存在する。湊弘平氏が20年以上前に出願した「磁力回転装置」〈https://astamuse.com/ja/published/JP/No/1997285103〉などが存在する。湊氏の装置は実際に100%以上の効率で動作する正真正銘のフリーエネルギー発生装置だ。井出治氏の著作『フリーエネルギー、UFO、第3期電力で世界は大激変する』（ヒカルランド）にも、特許を取ったエネルギー発生装置の事例が解説されている。井出氏の理論は米国（NASA）でも講演したという実績がある。おかしなことに、「フリーエネルギー」という言葉を使うと特許申請が通らない。「科学的に証明されていない」との理由から、フリーエネルギーという言葉を言い換える必要があるとのことである。

エササニ星人のバシャールによれば、「最もフリーエネルギーの導入に近い国は日本」だそうだ。興味のある方は、動画『フリーエネルギーの導入に最も近い国は？（バシャール）|The county closest to implementing free energy (Bashar)〈https://www.youtube.com/watch?v=-vtpUqYuSEE〉』で確認できる。

誰でも作れそうな装置もたくさん登場する。モーターを改造したフリーエネルギー発生装置の制作動画は大人気で数え切れないほどある。一日や二日では見切れないほどである。その中にひょっとしたら本物が……。

弥勒世へのプロセスを設計する

アジマリカンという呪文は、神の創造原理を発動させるために設計された。筆者は元来技術畑の人間なので、人間が作ったあらゆるシステムは設計という段階を通って形となったことを知っている。ここは技術者的経験を生かして、弥勒世というものを一種のシステムとして設計していきたい。

現在の日本人は、自分たちが長じている結びの業を忘れてしまったかのように見える。だが、その能力はこれから必ずや復活すると確信している。そういう日本人の能力は縄文時代より営々として培われてきたものなので、一朝一夕で失われてしまうはずがないからである。

たまたま本屋で日下公人《きみんど》氏の『人間はなぜ戦争をやめられないのか』（祥伝社新書）を手に取った。そこには、次のように重大な問題提起が書かれていた。

「戦後七十八年を経る今、日本が「反省」すべきことは、「侵略」でも「大虐殺」でもない。戦争を設計せずに、大東亜戦争に突入したことである。このことを反省しないかぎり、日本は再び大きな過ちを繰り返すだろう。それを防ぐのが政治の使命である。

戦争について考えるべき時代が来た今、国会がなすべきことは「平和の誓い」でも「謝罪外交」でもない。日本の国益を見据え、アジアのためにも世界のためにもなる将来の進路を設計することだ。戦争予防はその大事な一部である」（傍点・太字は筆者）

日本は今やウクライナ戦争にウクライナ側、つまり、米英側として参戦していることは明らかだ。日本国民も岸田首相も参戦の事実に気がつかない。日本政府はそれほど世界情勢に鈍感になってしまっている。現在の世界が最終戦争（＝とどめの戦、第三次世界大戦）に突入しているという認識もないのではなかろうか。

筆者は9・11時点で「いよいよ最終戦争が始まった」と戦慄した。我々は否でも応でもそういう世界に生きているのである。最終戦争が始まっているという深刻な認識ゆえに、弥勒世の状態変化「これからどのような手順で人類の恒久平和を樹立するか」を設計しなければならないのである。

本章で取り上げた要素を全て結び合わせればよい。次章で弥勒世が完成するまでの状態変化、特に、Ω《オメガ》デイと呼ばれる地球維新の日に焦点を当てて検討しよう。

第四章　神世三剣ＵＦＯの秘密

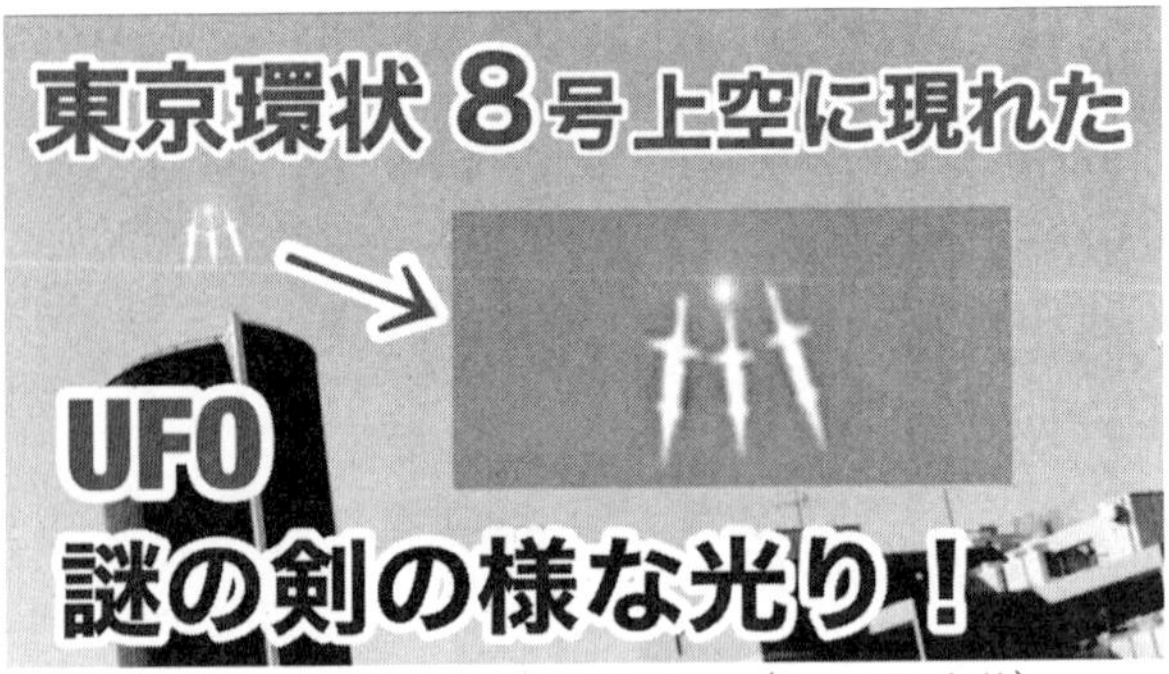
東京環状8号上空に現れた
UFO
謎の剣の様な光り！
三本の剣がＵＦＯから出現した！（Rapi TVより）

東京環状8号線上空に神世三剣が出現した

本章は前号の内容を受けた分析を含む思考実験（＝シミュレーション）である。筆者は〝とどめの神〟の経綸（＝神の計画）に関わる者と自認しており、現在世界は〝とどめの戦《いくさ》〟のまっただ中であると認識している。筆者は現在進行中の経綸を解明しながら、分かったことをリアルタイムで報告するという立場で本章を書いている。以上が筆者の置かれた状況である。

本章執筆の最中《さなか》に、宇宙からのメッセージを受け取ったのである。

日付は2023/04/13、視聴したユーチューブ動画（Rapi TV）で、日本に対する重大なメッセージが宇宙連合から発信されていたことを知った。

動画のタイトルは『ＵＦＯ衝撃スクープ映像・東京環状8号線上空に現れた・奇妙な光る謎の3本の剣（2022/9/23撮影）』〈https://www.youtube.com/watch?v=wLXg5LHhJRc〉というものだ。その1カットを掲載したが、見事な三本の剣が撮影されている。ＵＦＯ（宇宙船）が三本の剣という形態を取っているのだ。

筆者は「宇宙人も遂に日本を守ることを明確に伝えてきた」と思い、次のようなコメントを動画に対して残した。

これじゃないでしょうか↓「神代三剣《かみよさんけん》… 天羽々斬剣《あめのはばきりのつるぎ》、天叢雲剣《あまのむらくものつるぎ》、布都御魂剣《ふつのみたまのつるぎ》ら三振《さんぶ》りの巫剣《みつるぎ》の

こと」（ウェブリオ国語辞典より）

神世三剣は日本三霊剣とも呼ばれ、半分神話、半分歴史の記念すべき宝物で、日本の武力を表わす。

(1) 天羽々斬剣

羽々《はは》とは蛇の古語で、「蛇を断った剣」の意。記紀神話に現れる霊剣で、須佐之男命《すさのおのみこと》が出雲国のヤマタノオロチを退治した時に用いた神剣である。石上神宮《いそのかみじんぐう》の御神体。

(2) 天叢雲剣

草薙剣という呼び方がよく知られており、須佐之男命が出雲国でヤマタノオロチを退治した時に、大蛇の尾から見つかった神剣。三種の神器の一つで、熱田神宮の御神体となっている。三種の神器の中では天皇の持つ武力の象徴であるとされる。尾張氏はヤマトタケルにまつわる歴史的経緯から、この剣を絶対に手放すことはない。天皇家が保持している草薙剣は、熱田神宮にある本物のコピーである。

(3) 布都御魂剣

記紀神話に現れる霊剣で、武甕槌神《たけみかづちのかみ》はこれを用い、出雲勢力に理不尽な国譲りを強要することで葦原《あしはらの》中国《なかつくに》を平定した。石上神宮の御神体である。

筆者自身はＵＦＯを見たことはない。だが、最近はスマホの普及もあり、この動画のようにＵＦＯを目撃

＆撮影する人が多い。「宇宙艦隊」とか「銀河連盟」などのキーワードで探すと関連する動画やホームページが見つかる。

また、筆者の住む相模原市には「ＪＡＸＡ（宇宙航空研究開発機構）」がある。ＪＡＸＡには「銀河連邦」という交流組織もあるが、筆者のアンテナに引っかかるものはない。

いずれにせよ、この三本の剣は明らかに日本民族に対して発せられた宇宙人からのメッセージで、それも日本神話を知っている筆者を狙い撃ちしたメッセージであると感じる。「この剣型ＵＦＯを考察せよ」というのが、宇宙の神的存在（いったい誰だろう?!）から筆者に宛てられた謎かけではないか……。

今世界はものすごいスピードで、「新しい世界＝弥勒世の完成」に向かって変貌を遂げつつある。そのように実感するようになったのには明確な経緯と理由がある。第一に興味深い著作『シリウス：オリオン驚愕の１００万年地球興亡史』（上部《うわべ》一馬《かずま》／佐野千遥《ちはる》／池田整治、ヒカルランド）との出会いがあった。

今年明けに佐藤守氏（元航空自衛隊空将）の著作『宇宙戦争を告げるＵＦＯ』（講談社）の中で、佐野千遥博士（ロシア科学アカデミーのスミルノフ学派数理物理学最高責任者）の業績が紹介されており、「佐野千遥」つながりで前掲の『シリウス：オリオン驚愕の……』を見つけたという経緯である。

佐野千遥博士は、フリーエネルギーやＵＦＯ推進に関連して「ＵＦＯの反重力・テレポーテーション・タイムマシンの正規物理学による論証・説明」なる論文を書いており、その論文の一部が佐藤守氏の『宇宙戦争を告げるＵＦＯ』（講談社）で紹介されていた。それがきっかけとなって、上部一馬氏の著作に出会い、「ハーモニー宇宙艦隊」と名付けられた宇宙勢力が日本を守っていることを知ったのである。

以上のような経過があってユーチューブを見ていると、プレアデス系の宇宙艦隊が、かつては敵の宇宙勢力と宇宙戦争を戦ってきたことも何となく分かってきた（次頁画像を参照）。

日本上空にプレアデス宇宙艦隊が出現！！

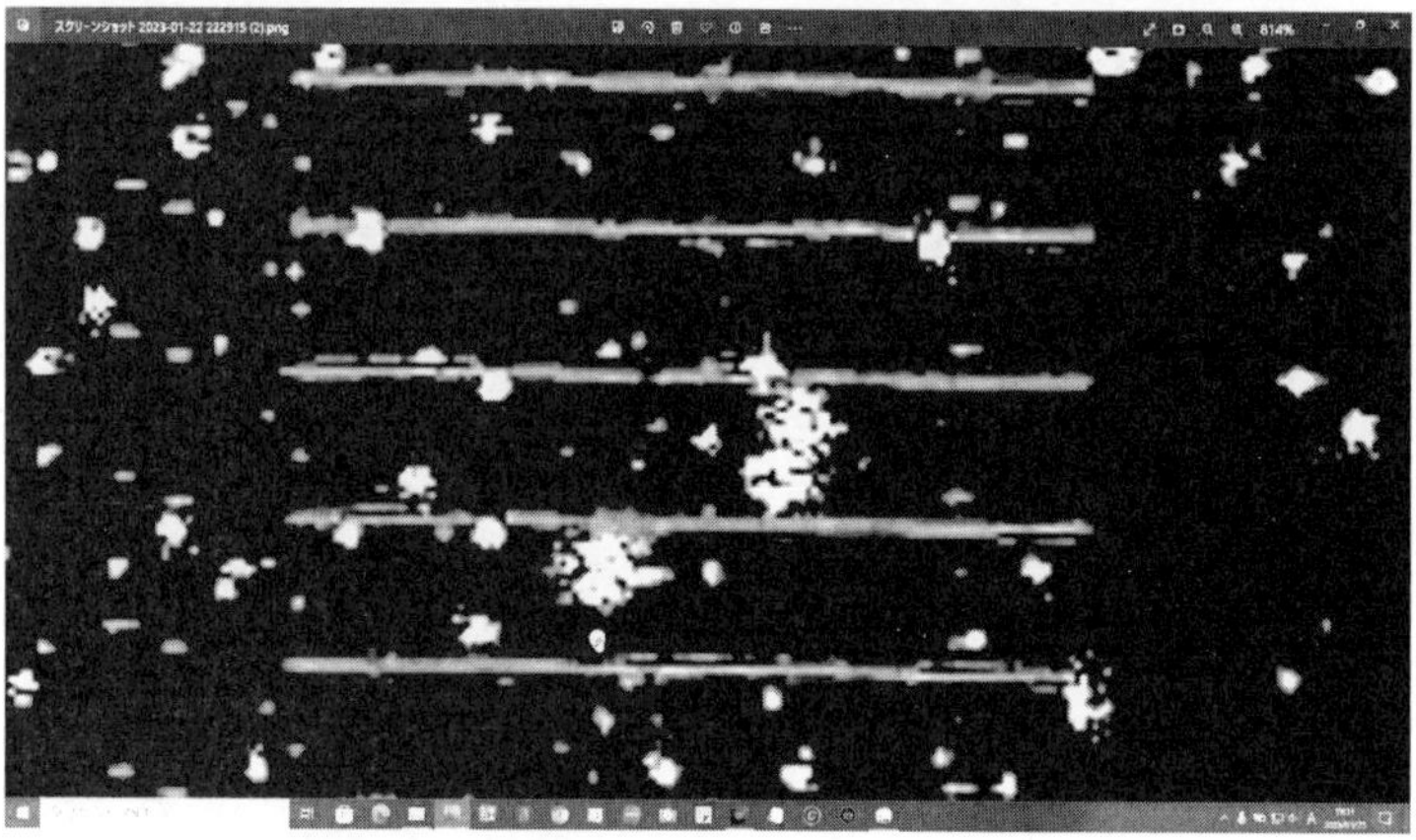

プレアデス宇宙艦隊(隊列上の戦艦群)と敵戦艦(無数の UFO) (Rapi TV より)

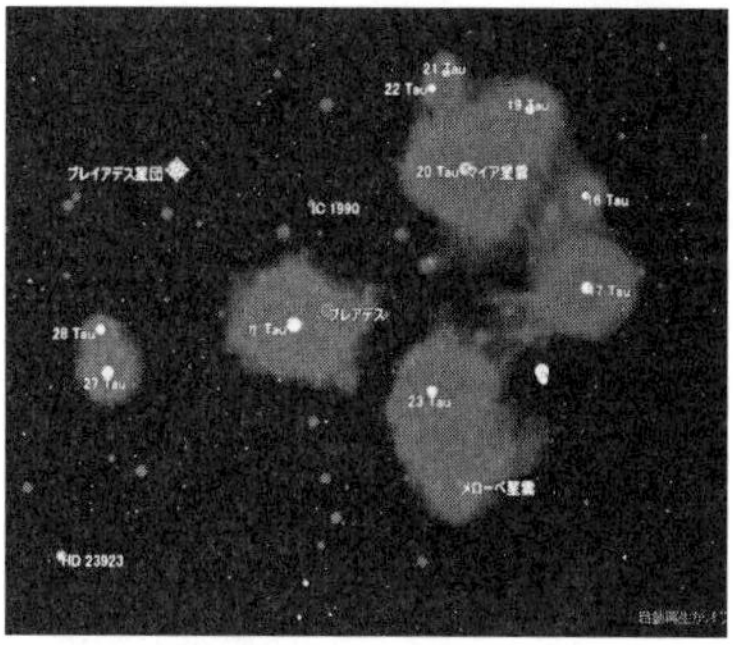

プレアデス星団は太陽系から 443 光年の距離にある。443 年前にこの巨大な空間で戦争があった。

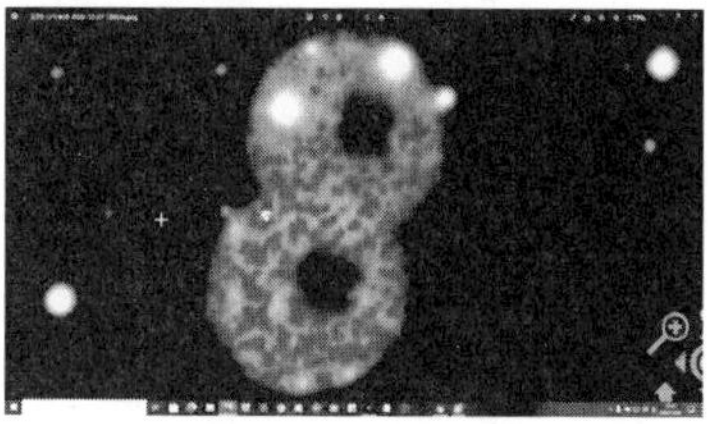

オリオン座方向の宇宙空間に発見された青色ドーナツ型巨大飛行物体（Rapi TV より）

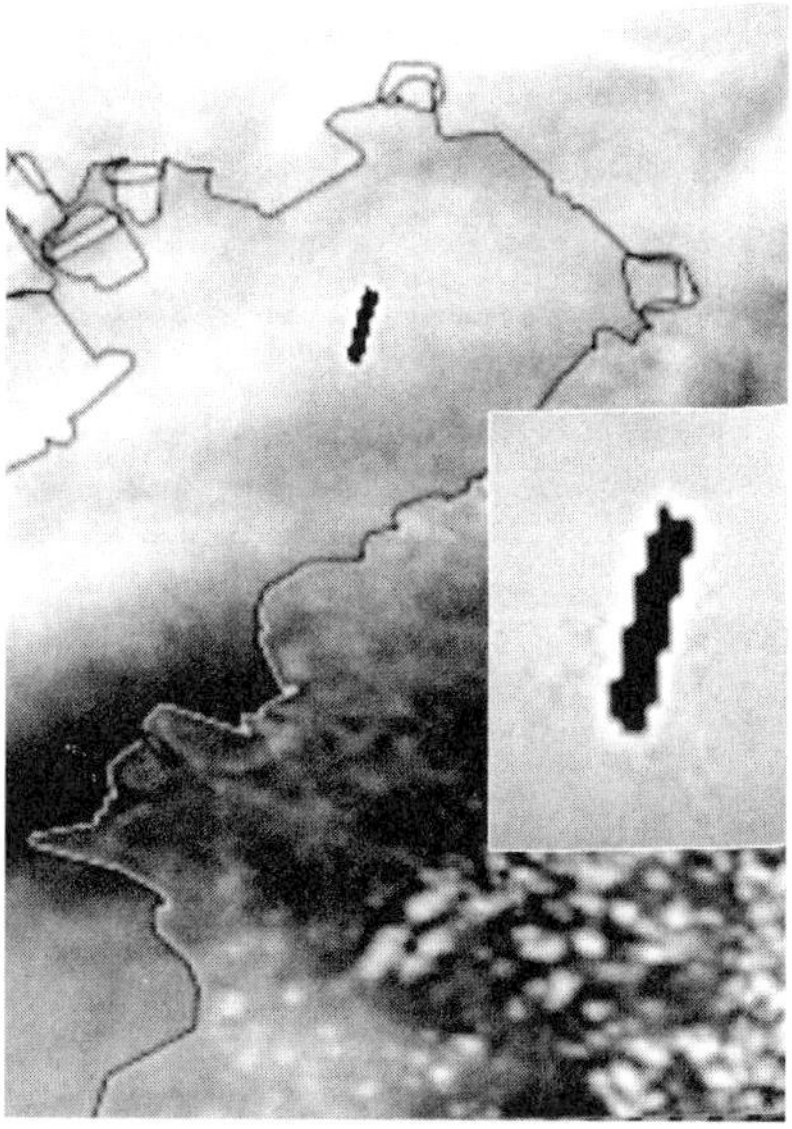

プレアデス星団から来ている東京湾上空の巨大ＵＦＯ（『シリウス：オリオン驚愕の……』より）

グーグルアースやワールドビューといった衛星画像系サービスの画像を参照して、この目で確認できる。プレアデス宇宙艦隊を画像として目視確認できるのである。近年の衛星画像技術の進歩によって、筆者も知らない間に、誰でも宇宙の秘密を垣間見ることが可能になってしまったようだ。

ユーチューバー・Rapi TVさんのお蔭で、UFO&異星人が実在する証拠を視聴できた。今や「宇宙艦隊」の現実の姿を確認できるのである！

NASA、JAXA、DS（影の勢力）も、筆者がここで紹介している宇宙の現実（＝宇宙艦隊の存在）を知っているはずだ。なのに異星人の存在については隠蔽し続けようとしている。異星人の存在する証拠である精細な宇宙画像を公開しながら、異星人のことだけは黙っている。

世界と宇宙は一体どうなっているのか、あるいは、どう推移していっているのか……。

弥勒世の実現には宇宙艦隊が関わってくる！

筆者は前章で「弥勒世完成に至るプロセスでUFO&宇宙人が係わってくる」ということを語ったが、現在進行形の現実を、上部一馬氏の「ハーモニー宇宙艦隊」と、Rapi TVさんのユーチューブ動画「UFO衝撃スクープ映像（奇妙な光る謎の3本の剣）」が教えてくれた。これらの証拠画像は、筆者がこの一年間主張してきた「UFO&異星人の実在」をほぼ完璧に証明するものであった。

①　宇宙艦隊は既に地球に来ている。

②　宇宙艦隊は特に日本を守っている。

③　宇宙艦隊を呼べば姿を現わす。

宇宙艦隊とはそういう身近な存在だったのである。③は、筆者は未体験だが、今後体験したらご報告したい。

その一方で実際の日本国民はどういう意識状態なのか気になるところだ。２０２３年5月時点で、町へ出ると日本人の80％以上（少しずつ減っている）は相変わらずマスクをしたままで、覚醒した日本人は多くはないように見える。表向きの現実では日本人の大部分は眠ったままだ。

史上最低の投票率となった地方統一選挙でも、当選者の顔ぶれは日本維新の会が増殖した程度のものでしかない。つまり、現在の日本民族は眠ったままで、ＤＳによる洗脳状態から余り脱していないように見える。今の日本国民は殆ど当てにならないのだ（5月時点で、参政党が全国で百議席当選したと発表されたが……）。

では我々は一体何を当てにすればよいのだろうか……。

筆者の調査（主に宇宙方面）によれば、結論は以下のようになる。

眠ったままの日本人は取り敢えず放っておこう。先ずは「宇宙艦隊の存在」という事実を知った日本人が動けばよいのである。目覚めた日本人と宇宙艦隊が協力して事を起こせばよい。

ＳＦのスタートレックなど子供だましでしかない。そういう銀河の現実が姿を現している。現実にものを言わせるのが最も手っ取り早い。つまり、ＵＦＯ＆異星人の完全な情報開示を日本から速やかに実行するのだ。宇宙艦隊にこちらから頼んで、ドカンと世界中の大都市上空に一斉に出現してもらうのだ。そうすれば一気に人類が覚醒する。眠りこけていた日本人も目覚めざるを得ない。

そういうことが起きる可能性を追求するぐらいは許されるだろう。

スティーブン・グリア氏やグレゴリー・サリバン氏は「ＵＦＯ＆異星人の情報開示は我々一人一人が進めてゆくべきもので、宇宙人からの直接介入はない」と語っている。若い頃からＵＦＯコンタクトを継続してきた超能力者・秋山眞人氏も「宇宙人は貴方からのコンタクトを待っている」と語る（秋山眞人『UFOと交信すればすべてが覚醒する』河出書房新社）。取り敢えず、ここではそういうことにしておこう。

だが、もう百年近くUFO＆異星人の情報隠蔽が行われており、最近ようやく情報開示が行われるようになってきたに過ぎない。UFOの存在自体に関しては情報開示が進められているが、もっと重要な異星人情報の開示は全くといってよいほど進んでいない。だが、その状態も変わってきた。ネット上では、その種の情報が急速に増加しており、異星人に絡《から》んで何か大きなことが起きる気配が高まっていると感じる。

『宇宙からの黙示録』に予言された時がやって来た

前章で筆者はスピリチュアルという言葉を使わないことや、輸入ものの〝スピリチュアリズム〟では日本や世界の現状を根本から変えてゆくことは困難であることを述べた。筆者がスピリチュアルという言葉を嫌っているのは、その言葉を使っている人たちが「自分は時代の先端を走っている」と得意げに見えるからだ。そういう方たちの活動に対して、筆者が批判する立場でもないが、ひとこと言いたい気持ちもある。

宇宙艦隊という目に見える現実があるので、「スピリチュアル」という言葉が適切かどうか疑問を感じる。SFのスターウォーズやスタートレックをはるかに超えた世界が現実なのであって、彼らの宇宙船は地球（＝日本）に物理的な現物として訪問しているのだ。そのことを知らなければならない。

筆者は三十代の時、渡辺大起氏の『オイカイワタチとは何か　宇宙からの黙示録』（徳間書店、1982年）を読んだ。渡辺氏にはもう一冊『宇宙船天空に満つる日』（徳間書店、1993年）という本もあるが、これは今回初めて読む。

「オイカイワタチ」という言葉に懐かしさを覚える方もおられることだろう（歳が分かる）。〝ワンダラー

（宇宙人の魂を持った人たち）〟という言葉が使われていた。「地球に転生してきたワンダラーたちがいて、ＵＦＯに乗った宇宙人が人類を救うため大挙してやってくる」という物語だが、その時が遂にやって来たのではないか。それが今である。

もう一度「オイカイワタチ」の内容を確認しておこうと思い、アマゾンでオリジナル版を入手して読んだ。三十代に初めて読んだ時は「すごい内容の本だ」と感心したが、今読むと「霊的傾向が強い」と感じる。つまり、現実との関わりが少ないから具体性に乏しい。当時は具体的な活動を行うにも世の中がついてきていなかったからだ。現在は異星人の宇宙船も確認可能なので具体的な話が可能である。

少なくとも「オイカイワタチ」の内容は筆者の中に入っており、知っていることばかりであった。ただし、「オイカイワタチ」には「日本と世界のこれから」はあっても、「日本の始まり」がない。その点が一番不満に思うところだ。どうして日本が特別なのかその心（歴史）が書かれていない。また、肝心の中心概念が存在しない。日本が特別であるというのは、日本に中心が存在するという意味であり、それは日本の過去を正しく復元しない限り見えてこない。輸入ものの宇宙人たちも日本のことはほとんど語らないし、語っても抽象的である。

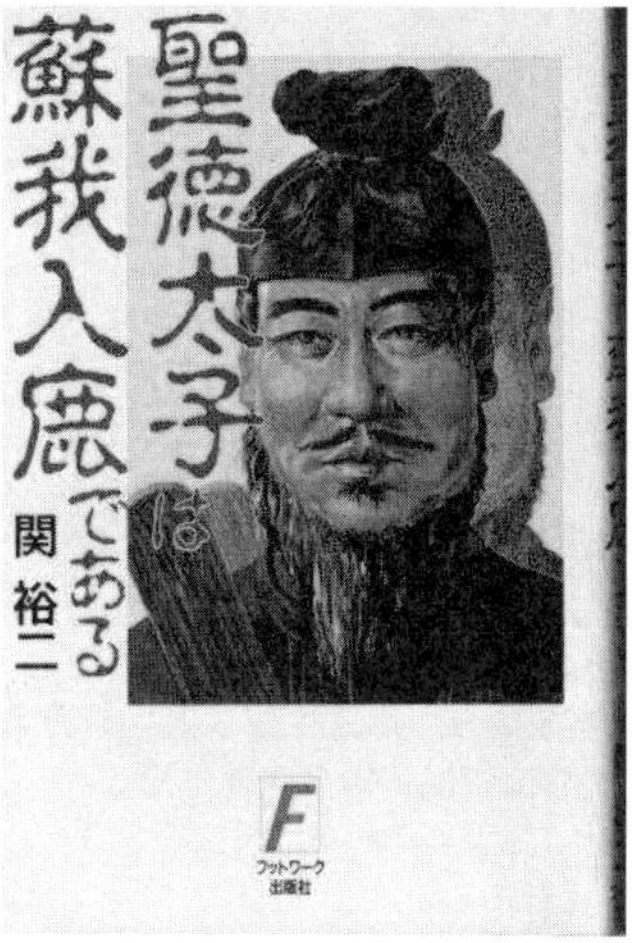

だから、「オイカイワタチ」の本を読んでも、歴史作家・関裕二氏の日本古代史本を読んだ時のような感動や興奮がない。渡辺大起氏の作品よりも、関祐二氏の『聖徳太子は蘇我入鹿である』（フッ

目撃者談：2022年9月28日、東京都杉並区の環状8号線の上空に奇妙な気配を感じ撮影していると、3つの神秘的な剣のような光が現われ消えました。

トワーク出版）の方が百倍感動する。

「宇宙艦隊が既に地球に来ている」と言ったが、彼らは一体どういう素性の人たちなのだろうか。筆者はネットや書籍を通じて入手できる情報を通じてしか彼らのことを知らない。だが、その正体は分かっている。彼らは神・仏の側にいることだけは間違いないだろう。いわゆる「菩薩」クラスの人たちだ。

菩薩・天使クラスの人物が、本章の冒頭で紹介した宇宙船の搭乗者である。上図は画像ソフトで処理を施したものだが、真ん中の剣の上にＵＦＯとハロー（後光）がシッカリと写っており、搭乗者が日本民族（私?!）に対して決起を促す意図で、三本の剣を実体化させたものと感じる。

剣が意味するものとは「武」である。つまり、現在が「とどめの戦《いくさ》」の最中であることを物語る。三本の意味は「三つの敵を打ち負かす」ということだ。限定的に解釈すれば、三つの敵とは三つのＤＳ、すなわち、「ロックフェラー、ロスチャイルド、中国」を意味している。つまり、日本民族がＤＳに打ち勝つということだ。筆者としてはさらに突っ込んで、「日本民族がＤＳの手から日本と地球を取りもどす」と宣言したい。言い換《か》えよう。この三本の剣は、「日本民族は絶対に負けない。頑張れ！」という宇宙連合からの声援である。さらに深読みすれば、宇宙人の日本民族への声援は単なるエールではなく、「現実に姿を現わして日本民族に協力する」という意味にも取れる。宇宙連合の「これから三本の剣で何かをする」という意思表示であるという解釈も可能だ。だとすれば、面白いことになりそうだ。

何種類もあるアセンションの考え方

アセンションという言葉は好きではないが、使わない訳にはいかないので我慢して使うことにする。

これから宇宙人が人類の前にハッキリと姿を現わしそうだという期待感がある。ところが、悩ましいことがある。それは、論者によって言っていることが違うということだ。その違いとは、主に宇宙人が人類に関与する方針に関するもので、アセンションという言葉が頻繁に出てくる。言葉の定義の問題が潜んでいるのだ。

◎共通点
善意の宇宙人からのメッセージである。宇宙人はすべての地球人を助けたがっている。だが、宇宙人が大挙して地球の上空に（疑う余地なく）現われる日は誰も分からない。

◎相違点
アセンション（次元上昇）の捉え方が異なる。簡単に言えば、急進派、漸進派、開示派、招待派の四種類である。この分類は、少なくとも他人の本やネット等では見たことがない。

☆破局派
ある日突然に一気に地球の次元上昇が起きると主張する勢力。

大破局（＝カタストロフィー）を肯定する。その代表がオイカイワタチ。アセンションが近日中に起きて、地球が完全に生まれ変わる。宇宙人の代表は金星の長老サナンダ＝かつてのイエス・キリスト。その時が来たら宇宙船が天空に満ち、宇宙船に乗せられて救済される人がいるが全員ではない。残りの人は魂的に助けられることが保証される。『大本神諭』や『日月神示』は「世界は泥の海になって、人類は三分《さんぶ》も生き残れない」と言っているので、破局派に属すると考えられる。特に『大本神諭』は間違いが多い（論証しない）。

疑問に感じるのは、彼らが大破局を当たり前のように語る点である。彼らは「宇宙人は慈愛に満ちた存在」だと語るが、本当にそうなら大破局が起きないように考慮するはず。彼らを糾弾するつもりはないが、オイカイワタチは宇宙人信仰（＝霊的な流行病《はやりやまい》）のように感じられ、同意できるものではない。

浅川嘉富氏とペトル・ホボット氏

☆漸進派

地球の次元上昇には時間がかかると認識している勢力。代表がペトル・ホボット氏。アセンションの過程は、一時的な波動の上昇という形で始まっているが、地球が生まれ変わるためのすべての変化が終わるまでに三千年かかる。現在の地球の状態（戦争・自然災害・権力闘争等々）は当分の間は続くが、三千年で地球の天位が上がるならば首尾は上々である、というのがホボット氏が複数の宇宙人から直接聞いたことから判断した見解。ホボット氏もロシア在住時代に実体化したイエス・キリストに会っているが、氏の役目について重要な助言を受けたそうだ。

浅川嘉富氏は以上のようなアセンション観を、ホボット氏と共著の『「UFO宇宙人アセンション」真実への完全ガイド』（ヒカルランド）において、巧みな会話を通じて引き出している。浅川氏自身のアセンション観と摺《す》り合わせて、論理的整合性の取れた充実した内容のアセンション論として完成させている。ご一読をお薦めする。ホボット氏は「神社には光の生命体が降りてくる」と語る。

☆開示派

積極的にＵＦＯ宇宙人関連の情報を伝えようとする勢力。

代表がディスクロージャー・プロジェクト活動で有名なスティーブン・Ｍ・グリア氏、ＪＣＥＴＩのグレゴリー・サリバン氏（ユーチューブチャンネルあり）。サリバン氏は先達のグリア氏とも関係を保ちながら、積極的に何百回ものＵＦＯ＆異星人との第五種接近遭遇を実践的に進めている。氏によってＵＦＯ体験した人物として『宇宙戦争を告げるＵＦＯ』（講談社）を著した元航空自衛隊空将の佐藤守氏がいる。あるいは、『シリウス：オリオン驚愕の１００万年地球興亡史』の作者・上部《うわべ》一馬《かずま》氏も開示派である。

ユーチューブのスターシードチャンネルを運営している石村よしなり氏、冒頭の神世三剣の動画を公開したRapi TV氏など多士済々《たしせいせい》である。現在で最も一般的な考え方の活動である。

市村よしなり氏とグレゴリー・サリバン氏

☆招待派

地球人から宇宙人に働きかけて、地球上での「宇宙人と地球人との正式会見」を導こうとする勢力。

宇宙人への招待状。宇宙人に来て欲しいという筆者の気持ちを表した。

これがＵＦＯ＆宇宙人関連の情報開示戦略のうちでも最先端で超過激な動きである。今のところ筆者の胸の内だけにある企画だが、「アセンションではなく神化を起こすという発想」で、「アセンションは必要ない」という考え方だ。急進派・漸進派・開示派という活動もよいが、アジマリカンの原理から発想すると、神的な存在が直接降りてくるという方針になる。波動が粗くて密度の高い地球に降りてくるのは、宇宙人にとってかなりの苦痛である。だが、「万難を排してできる限り早期に姿を現わすべきだ」というのが招待派の意思である。

オイカイワタチは一種の宇宙人教であり宗教的情熱を伴っていた。一方、アジマリカンは宇宙人も地球人も同じ（＝神と等しい存在）であるという認識からスタートする。つまり、これから宇宙人のことを知らせてゆくというような悠長な方法ではなく、一気に地球を宇宙連合に加盟させてしまおうという企画である。アジマリカンで、いきなり地球も神になるのである。筆者の魂は既に宇宙人であって、銀河を駆け巡っている。さっさと宇宙人を招待して、民間ベースで完全情報開示を行えばよい。詳細は次の作品で検討しよう。

宇宙連合との国交を開始するには

宇宙連合との公式な国交は地球を代表する政府ができないと無理である。そこで問題となるのは、非公式にでも宇宙人に来てもらうのが先か、地球が弥勒世になり切るのが先かということだ。

そもそもこういう話をしているのは、筆者の数週間前の体験による。

ある日の寝入りばな、寝付けなくて布団の中でゴロゴロしていると突然、「宇宙連合に姿を現わしてもらうよう頼めばよい」というアイデアが降ってきたからだ。しばらくの間（おそらく数分間）そのことで頭が一杯になって、ものすごい勢いで色々な物語が展開された。それは自分で考えているようであり、アイデアが外からどんどん入ってきているようでもあった。そういう解釈に困るような体験をしたのだ。

その時以来、「あの寝入りばな体験の意味は何だろうか」と考え続ける日々が続いている。来る日も来る日も宇宙連合との交流について考えながら、どういうストーリーが一番よいのか、何かヒントはないのか、と面白そうな宇宙人関連のユーチューブ番組を見たり、本章で取り上げたような本を買ってきて読んだりしているのである。

筆者の立場は「誰もやらなきゃ自分でやっちまおう」なのだが、「宇宙連合の然るべき人物と会って今後の相談をする」という方向性はあっても、今のところ、実現するかどうかも分からないような話だ。

筆者の場合、霊の姿が見えたり声が聞こえたりというようなことはない。あからさまなテレパシー能力もない。見えない宇宙人と話すことはできないので、「宇宙人は私に会うべきだ」と思っているだけだ。筆者はＵＦＯも見たことがない人間だが、宇宙連合の存在は感じるのだ。だが、宇宙連合や宇宙人の詳細な情報はユーチューブや書籍から入手するしかない。

情報を取り込めれば、それについて分析したり考察したりといったことが可能になる。筆者にはそれだけの能力しかないのだが、本章で紹介している書籍や動画の情報を総合すれば、「宇宙人に来てもらうしかない」と思うのだ。プレアデスの宇宙艦隊と敵対する宇宙軍の実際の戦闘場面が動画で確認できる時代になったのだ（本章冒頭のRapi TV動画のカット等を参照）。二十一世紀になって技術が進歩した結果、いつの間にかそういった宇宙人情報が溢れる時代になっていた。ＮＡＳＡやＪＡＸＡ、米国、ロシア、中国も同じ情報を知っているはずだが、こと宇宙人に関してはだんまりを決め込んでいる。

筆者からすれば、そういう宇宙人関連の画像だけではなくて本物の宇宙人を相手にしたい。信じるとか信じないとかではなく、宇宙人＆宇宙船の実物が姿を見せ始めているのである。それらの存在は現実であって、今さらスピリチュアルでも予言でもないのである。「今地球（特に日本）に来ているはずの本物の宇宙人を使わない手はない」となる。こんなことを言う筆者はわがままなのだろうか？

アセンションではなく〝神化〟である

アセンションと言えば上昇＝「下から上」だと思うだろうが、下降（デセンション）＝「上から下」という捉え方もある。地球に神が降臨して、気付かないうちに地球維新が起きてしまうのだ。地球維新とは神界（＋天界）＝宇宙文明が地球に降りてくる（＝デセンション）という出来事かも知れない。

私見では、次元上昇やアセンションなどという出来事は起きない。

地球がアセンション（＝次元上昇）するのではなくて地球に神の世界が降りてくる。これは「地球世界を含む人類総体が神化《しんか》する」という意味である。現在の地球に神が降りるのである。見た目は変わらないが、神が入った世界になるのだ。正確には、上昇でも下降でもなくその場で神化するのだ。

次元が上昇したかどうかなどはどうでもいいではないか。それよりも、人類総体が神化する。筆者がアジマリカンを始めた唱えた時に起きたことが人類総体として起きる。それが今回の地球維新である。

見た目は全く普通である。それが重要である。その心は「現在使われているものはそのまま生かして使う」という筆者の経済観念に由来する。先にご破算にしてから良い世の中を作るというのは不経済である。

以下、アジマリカン（宇宙の神々の系列＝地球神～太陽神～銀河の神～～天之御中主神）の立場から見た地球維新後の世界状況を概観する。

①　完全な情報開示

初めにUFO&異星人の完全な情報開示（＝ディスクロージャー）が起きる（実際には宇宙連合と協力して起こす）。

先ず日本国内の宇宙開国勢力が完璧なUFO&異星人実在の情報開示を行う意思表示をする。そして、宇宙人がドカンとUFOで降臨して日本と国交を結ぶ。降りて来なければ話は始まらないからだ。

②　DSと日本国憲法の消滅

DSはなくなり、DSが日本に与えた日本国憲法は最初に消える。同時に日本国憲法を前提とした法体系や政治体制、行政組織は完全にクリアされる（バカな政府や官僚や大学は生まれ変わる）。

③　貨幣制度の消滅

貨幣も株式も金融も武力（当然、核兵器も含む）も、それらに付随する権力もきれいサッパリとなくなる。お金は不要で、必要なものは必要なだけ入手できる。だから、お金のために働くのではなく、役割を果たすために喜んで自発的に働くようになる。日本は神々ですら稲作したり機を織ったりするという国柄である。そういう日本的な行き方が一気に世界に行き渡る。

④ フリーエネルギー化

社会全体がフリーエネルギー化される。それに伴って、衣食住に不可欠なものやその他のあらゆる資源もフリー（無料）になる。これについては詳細を論じる必要があるが、本章では割愛する。

⑤ 地球の日本化

地球という名前は使われなくなって惑星・日本（ニホン、ニッポン）と呼ばれるようになる。現在の日本は縄文的な多神教的アニミズムを許容しているが、文字通り「八百万の神々の星」と形容される多様性が花咲く賑々しい星となる。日本という星は決して階層的な構造を取ることはない。中心たる天皇のもとに神々も人々も等しきものとされる。日本の天皇は多神が統一融合されるべき中心となる。

⑥ 世界天皇

現在の天皇が世界天皇となって全地球を統治する（＝知ろしめす）。宇宙艦隊（＝地球防衛軍）が結成され、地球を守るようになる。天皇が地球防衛軍の最高司令官となり、地球防衛軍の有事判断や意志決定における最高責任を負う。地球は日本一国となり、いわゆる国境は消滅する。宇宙艦隊の本部は日本列島内に置かれるが、各国の現状武力は地球防衛軍に組み込まれるという方向性になる。

⑦ 多民族地球の維持発展

国魂《くにたま》という民族魂はなくならない。全地球が日本一国になっても従来の民族はそのまま残るので、民族毎の具体的な祭祀は必要であり、各国魂は宇宙連合の神の階層に組み込まれる。

民族も各民族の主たる居住域も現在のままが基本である。ただし、必然性のある民族移動は許されるし自然に起きるべきものである。一切の一神教は完全に消滅して、地球全体が日本的な多神教国家となる。つまり、全世界の民族毎に国魂を祀り、全ての国魂が各民族や関連地域を治める古代日本の律令国家的な形態の祭祀が行われる。各民族は民族に合った祭祀形態で国魂を祀ることになる。

ネットで色々と調べると「地球維新」という言葉を含む書籍が結構出ていることが判明した。ただし、それらの作品には宇宙艦隊も宇宙人も登場しない。本章は、渡辺大起氏の『オイカイワタチとは何か　宇宙からの黙示録』の本番編となるものだ。世間が認めるか認めないかは全く気にしていないが、実歴史はアジマリカン（＝造化三神）の言霊力《げんれいりょく》によって推移してゆく（予定）。

ロズウェル事件のエイリアンインタビュー

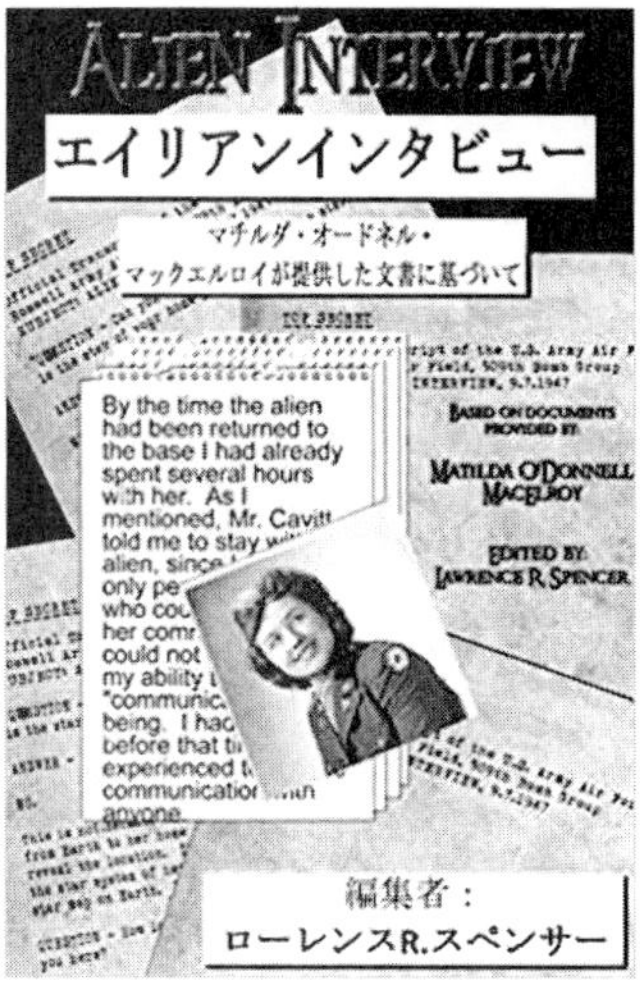

合衆国ニューメキシコ州・ロズウェルに、異星人の搭乗したＵＦＯが墜落したロズウェル事件（１９４７年７月）は有名である。その時以来既に75年経過しているが、ようやくロズウェル事件の真相の一部が解明されたかも知れない。

墜落したＵＦＯに乗っていた異星人のうちの一人（名前はエアル・女性）はしばらくの間生きていて、合衆国陸軍航空隊看護士マチルダ・オードネル・マックエルロイに対して、テレパシーで自分の使命や目的について詳しく伝えている。

両者の対話内容は、当時は完全に機密事項だったが、マチルダが83歳になった時に同著の編者に託された物語が『エイリアンインタビュー』という自伝本になっている。同作品については上部一馬氏も前掲著で言及している。早速、同書を取り寄せて一読すると、この本が前例のない重大な作品であることが分かった。

何が重大かと言えば、隠された地球の歴史を暴露していることである。また、「地球人類は一人残らずIS－BE《イズ・ビー》（＝存在し、〇〇になり続けるもの）である」と言う。つまり、「人はみな神＝宇宙創造者である」と言っている。エアルは「神」という言葉は使わず、一貫して「IS－BE」と表現している。

これは筆者がアジマリカンを初めて唱えた時にハッキリと分かったことだが、筆者は、エアルの言う「IS－BE」を「神」あるいは「直霊《なおひ》」と読んでいる。要するに「永遠の生命で宇宙を創造するもの」という意味である。この点は筆者の考えと似ている。

人類がその事実を思い出せば、地球という牢獄から放たれて自分の星に帰ることができる。懐かしい故郷が貴方を待っている（そのようにエアルは語るが、筆者には何か物足りない感じもある）。

エアルは自分の素性を「ドメイン遠征軍の仕官、パイロット、エンジニア」であるとマチルダに告げていた。エアルとの対話を開始した時点で、マチルダはエアルのことを「誇り高き無神論者」と見なしていたようだが、これはマチルダの誤解である。エアルは無神論者ではなく、「自分は永遠の生命で宇宙を創ったものたちの一員である」という確固とした自覚を語っていただけだ。エアルには何百兆年分の記憶がある（本当か?!）。

エアルとテレパシーで対話し続けたマチルダは、手記の最後で「自分もエアルの仲間、すなわち、ドメイン遠征軍という謎の宇宙勢力の一員だったということを思い出した」ことを語っている。

古代アメリカの一見無駄に見える遺跡群の意味とは？

メキシコマヤ文明・チチェンイツァ遺跡

ボリビア・プマプンク遺跡

ペルー・ナスカ遺跡

中米・古代マヤ遺跡

ペルー・インカ・サクサイワマン遺跡

ペルー・インカ帝国首都クスコ

ペルー・マチュピチュ遺跡

15世紀のテノチティトラン遺跡

ドメイン遠征軍は「地球を支配下に置いている」らしいが、ドメインの正体が明確に説明されているとは思えない。今まで聞いたこともない宇宙勢力であることだけは間違いない。

エアルは、現在の地球に張り巡らされたマインドコントロール（＝洗脳）の実態について詳しく語っているが、筆者はアジマリカンという言霊の力によって、エアルが言っていることがよく分かった。『エイリアンインタビュー』は二十一世紀に入った今読んでこそ意味の分かる、時宜《じぎ》に適《かな》った作品である。

筆者は学生時代からそういうことが薄々分かっていたが、アジマリカンで事実として明確に言語的にも認識し、さらにエアルが霊的に接触してきた（後述）ので、彼女の語ることがよく分かるようになった。

これ以上異星人の存在を隠す必要もないし、待つ必要もないのではないか。よって、以降は宇宙人やその乗り物・UFOは当然の存在として、地球の近未来を思考実験的に設計していきたい。

エアルによれば、我々の住む宇宙そのものがIS—BEたちの思念によって創られたというから、DNAの仕組みも彼らの思念の結果である。

最近では「Something Great（サムシング・グレート）」なる言葉が登場し、宇宙やあらゆる生き物がサムシング・グレイトによって創造されたという説が語られるようになった。だがサムシング・グレイトという概念には曖昧なところがある。

ロズウェル事件の生き残りであったエアルによって語られた『エイリアンインタビュー』の内容は、サムシング・グレート説とは似て非なるものである。あらゆる生物はバイオテクノロジー会社の無数の技術者達（＝IS—BEの会社組織）によってデザインされ、開発され、調整され、地球等の惑星に納品された、ということだ。多分こちらの方が本当だろうと思う反面、分からないことも多い。

さらに、エアルによって進化論は完全に否定されている（筆者も同意）。少なくとも筆者は長年の懸念事項が幾つも解決できた。エアルさまさまである。

『エイリアンインタビュー』には、ドメイン遠征軍の敵対者として「旧帝国軍」という宇宙勢力が登場する。地球の歴史は旧帝国軍がどういう意図で何をしてきたか、後から地球に入って来たドメイン遠征軍が何をしたのか、についても語られる。

前掲書によれば、エジプトや世界各地のピラミッド群・巨石建造物を造ったのは旧帝国勢力だ。彼らは神秘的幻想を演出するという目的で、わざと無駄な建造物を世界中に造りまくったという。「どうしてそこに誰も住まないマチュピチュ遺跡やチチェンイツァ遺跡などが存在するのか？」という疑問が常に筆者の脳裏にあったが、「わざわざ無意味なものを建造した」ということなら分かる。

前載の古代遺跡が神秘的幻想の演出という目的で造られたとすれば、途方もない無駄に見えることも説明が付く。無駄に見える建造物がこれ見よがしに建てられているのは、一種の目くらましであったとすれば、旧帝国軍の邪悪なユーモアさえ感じられ感慨深い。これには古代宇宙人説提唱者のエーリッヒ・フォン・デニケンやジョルジョ・A・ツォカロスも「ドヒャー!!」とひっくり返ること間違いなしである。

アジマリカンは波動兵器である

筆者は旧約聖書のヤコブとして生まれたことを微《かす》かに記憶している。何度もこの地球で転生していることは記憶してるのだが、生まれた時にほとんどの前世を忘れてしまった。筆者には幾つかの前世記憶のようなものがあるが、地球に生まれてくる前はどの星にいたのかということまでは思い出せない。

筆者はヤコブ時代に、異星人と筆者との間に起きた極めて重要なエピソードを一個だけ夢で教えられた。

拙著『日本建国の秘密　ヤコブ編』を読まれた方は覚えておられるはずだが、ヤコブは天の使いと相撲を取っ

天使とヤコブの闘い。イスラエルでは相撲は神事であり、ヤコブが神(＝異星人)と相撲を取った結果、「イスラエル」という名前が与えられた。

たことになっている（『創世記』第32章）。英語では相撲とは言わずレスリングなのだが、当時のレスリングとはまさに相撲と呼ぶべきものであった。その相撲は偶然に始まったので、回《まわ》しをつけていた訳ではない。ヤコブは旅姿で、突然現われた異星人（ウルトラマン風のスーツ姿だった）と相撲を取ったのである。

『エイリアンインタビュー』のエアルによれば、生まれる前に人はすべての記憶をある種の電子装置（仕組みは不明）によって消去されているそうだ。それには理由があって、地球人が前世の記憶を思い出すと自分が永遠の生命であることが分かってしまい、地球という牢獄から脱出してしまうから都合が悪いということだ。

この仕組みはエアルの属するドメイン遠征軍ではなく旧帝国軍が残したものである。旧帝国軍は人類を記憶喪失のままに留めておきたい。だから、「人間の本質が永遠の生命（＝不死の実体）である」という事実を教えたくない。つまり、「永遠の生命の証拠である宇宙人としての記憶が邪魔になるから転生の度に抹消する」という怖ろしい話である。旧帝国軍は人類を無知のまま地球という監獄星に幽閉しておきたいのである。ただし、「旧帝国軍による人類の記憶消去」という話には嘘や矛盾や穴がある。要注意である。

筆者はアジマリカンという言葉を知るようになって、その前後から幾つかの過去世に関する記憶が戻って来た。自分の経験から言えば、アジマリカンは不死の実体である霊魂側の記憶を復活させる言葉である。

以下は現時点では筆者だけの仮説である。

異星人エアルは、「旧帝国軍の装置によって、人間が生まれる前に記憶が消去される」ということを語っていた。だが、霊魂の中核部分には記憶が残っていると推察する。アジマリカンのような言霊システムによって、表面意識からは失われていた過去世の記憶を復活させることができるのであろう。そうだとすれば、皆がアジマリカンを唱えるようになれば、人類が忘却の眠りから醒める時期が早まるはずだ。

2009年12月9日、ノルウェー北部の夜空に出現した渦巻き怪光。発生当時、インターネットで拡散されたが、その正体はアルクトゥルス星人がロシアに対して発した警告だったという説がある。一種の波動兵器が使われたのか?!

波動の世界では音の振動が音に応じた特別な機能を発生するようである。どうもアジマリカンという音は一種の波動兵器らしい。それも人を覚醒させる波動が、アジマリカンを発した本人の意図に従って機能するようだ。アジマリカンはそういうふうに設計されており、覚醒爆弾として使うことができる波動兵器なのである。

地球に記憶消去システムがあるのなら、アジマリカンはこの世でもあの世でも機能する記憶復活システムである。誰かが秘密裏にアジマリカンという呪文を発明し、日本の歴史の裏側に隠しておいたのに違いない。その誰かとは自分だったのではなかったかと思ったりもするが、まだ自信はない。

異星人エアルが接触してきた

『エイリアンインタビュー』の異星人エアルは実在することが分かった。それはエアルが（霊的に）筆者に接触してきたからだ。そう言えるのは、エアルの霊的接触の後、かなり難解な前掲書の内容が良く理解できるようになったからだ。その一方で同作品の問題点も分かってきた。

前掲書には、「ニコラ・テスラはドメイン遠征軍の仕官で、宇宙船に搭乗しているドールボディに実体を維持したまま地球に転生して、多くの発明を残した」という意味の話が書かれていた。ニコラ・テスラは地球科学の進歩のために志願して地球の発明家となったわけだ。ニコラ・テスラは宇宙人＝ドメイン遠征軍仕官としての人生を続けながら、同時に地球人になったというケースである。これは面白過ぎる話だが、ニコラ・テスラのことを考えると、「星から来た人」という彼の風貌からも、天界の人にしか見えない。ニコラ・テスラについては、筆者は「さもありなん」と納得している。

冒頭で紹介した神世三剣ＵＦＯに触発されて本章を書き始めた。未だかつて見たことがない剣型のＵＦＯだが、こういうＵＦＯの例は全くなかったものである。あるいは、三本の剣はＵＦＯの本体から投影されたホログラムの可能性がある。どういう仕掛けにせよ、明らかに『古事記』の神世《かみよ》に関する知識を持った人間にしか分からない意味が込められている。

その触発によって、勢《いきお》いで「本物の宇宙人を相手にしたい」というようなことを口走ってしまった。「そういう大胆なことを言っていいのか?!」と思いつつも、論理的筋道としてはそれ以外にあり得ない。問題となるのはそのやり方である。筆者はあくまでも宇宙艦隊との公開された正式対面を希望しているのだが、「先ずは霊的対面から」という意味に受け取ればよいのだろうか？

「百里の道も一歩から」と言うから、宇宙人エアルと霊的に接触できたことは何かの前兆と考えることもできる。ＵＦＯを見る人は、日本でも最近では結構増えているようだが、筆者の場合、毎日空を見上げているにもかかわらず、一向に目撃することはない。家内もよく「宇宙人に会いたい」とか「星に帰りたい」とか言っているが、まだＵＦＯ体験はない。「ＵＦＯさん、何とか出てきてもらえないものか」と思う毎日だったが、その一方で「宇宙人に会わなくてもいい」と思っている自分にも気付いた。後者の方がしっくりくる。

ここ一ヶ月以上のあいだ頭を捻ったのだが、「神世三剣」の意味を完全には解けないでいる。『エイリアンインタビュー』の異星人エアル（主人公である）に接触できたということは、あくまでも筆者内部で方向性が見えてきたことを意味しているに過ぎず、確定的なことを言うには多少の時間を要するだろう。かえって謎が増えてしまって困っているし……。

筆者の場合、アジマリカンという言葉に関しても、すべて目に見えない世界での出来事から発しており、目に見える証拠は乏しい。人に伝えるためにこのような活動を行っているという筆者の動機に対して、起きてくる出来事の大部分が霊的な（＝不可視の世界での）情報なので、本音を言えば「宇宙艦隊の戦艦や生身の宇宙人が出てきてほしい」のである。これも筆者のように考える人間もいるということに過ぎない。

本章の冒頭で登場した（プレアデス）宇宙艦隊とエアルの所属するドメイン遠征軍の関係は、現時点では不明である。ドメイン遠征軍という存在が明らかになったのは２００７年のことだ。従来、プレアデス、シリウス、アルクトゥルス、オリオン、アンドロメダ等の星系単位、銀河単位の存在は一般的に登場していたが、ドメインという銀河群を包括する勢力が存在しているらしい。だが、エアルの話を素直に信じてよいものだろうか？　結論から言えば、確かめようがない話なのだから、信じる必要などないのである。

ドメインがこれまで知られていなかったのは、ひとえに米国がロズウェル事件の真相を国家機密にしていたからだ。今後は異星人エアルが暴露したドメイン遠征軍の存在が重要性を増し、大きく浮かび上がってくるものと予想される。インタビュアーのマチルダは自分の安楽死と同時に『エイリアンインタビュー』の手記を公開するという、極めて賢明な情報開示の方法を選択している。日本の古武士のような死《し》に様《ざま》であり、大した女性だと感銘を受けた。

『エイリアンインタビュー』をどこまで信用すればよいのか?!

筆者の直観では、冒頭の神世三剣はアジマリカン（＝造化三神の力＝創造原理）のことかと思ったが、もっと単純に考えるべきだと思い直した。剣は武器なのだから、単純に戦争、すなわち、「とどめの戦」に関連していると見た方がよい。

筆者に対するインプットとして、本章冒頭で紹介した「ＵＦＯによる〝神世三剣〟の現出という事象」があった。この事象に対する最初の解釈は、「〇〇宇宙艦隊または宇宙人による一種のデモ」というものだった。

筆者は、あたかもミステリー小説に登場する探偵（明智小五郎とか金田一耕助）のような立場に置かれている。筆者の場合は、ミステリー作家自身が探偵を兼ねているのだが、結論を分からずに書くという制約がある。

「この世界というのはリアルタイム・ゲームである」というのはユーチューバーのごろう氏だが、氏の方が筆者よりも先に『エイリアンインタビュー』を読んで、不思議系まっしぐらとなられたようだ。

筆者は依怙地《いこじ》なほどゲームが嫌いだ。その理由ははっきりしていて、人生そのものがリアルゲームだと暗黙で分かっているので、「他人がプログラミングしたゲームなどアホらしくてやってられない」とどこかで思っているからだ。また、自分が何十年もプログラミングの世界で技術者として仕事してきたので、そういった世界に殊更たずさわりたくもないのだ。だが、『エイリアンインタビュー』つながりで、ごろう氏の動画を見るようになってから、自然に影響を受けて、改めて、「この世界はゲームだなあ」と意識するようになってきた。せっかくこの世に生まれてきた以上、楽しくやっていった方が得だと、宗旨替え中である。

筆者は上部一馬氏の作品を読んで『エイリアンインタビュー』を入手したのだが、それが家に届いたのは4月14日で、本日は5月15日である。上部氏、ごろう氏と同様、筆者も同書に大いに影響されてしまった。同書は一種の強力なワイルドカード（＝Ｊｏｋｅｒ《ジョーカー》）のような存在で、同書の編者が言う通り「読み手次第のフィクション」だとしても、「人生や世界の見方を変える」という異常なパワーを持っている。とにかく強力なので、書いている途中で何回も番狂わせが起きて，いつまで経ってもゲーム（＝執筆）が終わらない。だが、本誌（初出は会報のため）の書籍化出版のために無理やり終わらせようと思う。

以下、本章を終わらせるために、『エイリアンインタビュー』について、分かったことなどをまとめよう（順不同）。

【もっと語ってほしかったこと】

・〝ドメイン〟の意味は「領地・領土」で、意味不明だと感じる。エアルは地球を管理・支配している種族の出身である。地球が宇宙の監獄惑星だということ。もっともらしいが、確かめる術はない。
・旧帝国軍とドメイン遠征軍の正体。どの銀河か、どの星系か、どの惑星か。
・宇宙にどんな種族がどういう目的で活動しているか、あまり語っていない。
・当時は「グレイ」という言葉はなかったが、エアルの正体はグレイなのか？　グレイの故郷はレティクル座ゼータ星だという情報が出回っているが、エアルとレティクル座ゼータ星との関係が不明（本文中では〝ＩＳ－ＢＥ〟としか言っていない）。
・地球が監獄惑星であると言ったが、地球の人口がどんどん増えているのはどうしてか。
・アジマリカン＝宇宙創造原理＝造化三神の力については明確には語っていない。これは日本民族だけに与えられた神宝＝神法である。神世三剣とはとどめの戦に勝つこと（筆者の直観）。

・旧帝国とドメイン遠征軍の間で戦争があったが、どちらも正体不明なので、彼ら（両勢力）が地球でやったことの切り分けが難しい。

・旧帝国が転生時の記憶消去装置を設置したと言うが、同装置の仕組みが分からない。例えば、物質界にあるのかエーテル界にあるのか高級霊界にあるのかハッキリしない。記憶消去装置が見つかっていないので、作動停止できていないと言ったが、誤魔化しがある（＝嘘臭い）と感じる。

【本当のことを言った】

・作品『エイリアンインタビュー』はフィクションだと編者が主張していること。編者のこの主張は賢明だが、エアルが語った内容の多くには真実性も感じられる。

・エイリアンも人間も永遠の生命を持っていること。ＩＳ－ＢＥとは山蔭神道などが伝えている直霊《なおひ》に該当する。これは古神道（アジマリカンのことでもある）の教義に合致しており、納得できる。

・エジプト文明に関して、「ピラミッドや大仰なミイラ制作等に関して〝人間の本質を、永遠の生命ではなく物質的肉体へとすり替える洗脳を人類に対してほどこすための偽装文明〟だった」と指摘したこと。この点については筆者も昔から、「エジプトの技術水準は極めて高く、ある面で現在のそれを超えるが、混乱したものであり、全く無意味な行為だ」と常に考えていた。これは、異星人（＝旧帝国）による「人類を永遠に肉体に閉じ込めておいて、永遠の生命であることを思い出さないようにするための罠」である。この種の罠が遙かなる古代より、地球人類を永遠に不可視の牢獄に閉じ込めておくために多重的に仕掛けられていた。この観点については、ヒストリーチャンネルの番組『古代の宇宙人』でも一切明かされることはなく、同番組が人類の霊的側面に関して無知であることをさらけ出している。エジプト思想も聖書も不滅の霊を否定する唯物論でしかないのだ。人類は未だにこの事実を分かっていない。

・シナイ山でモーゼを導いたのは神ではなく旧帝国側の工作員だった。聖書を含めて一神教は人類洗脳のための洗脳宗教である。筆者も同じ考えである。

・進化論を否定していること。デザイナーや科学者が寄ってたかって万物・生き物を設計して開発したこと。インテリジェント・デザイン論に通じる考え方だが、これは論理的であり納得できる。

・宇宙の起源＝ビッグバン説に関しては何も言ってない。複数の宇宙や「宇宙の年齢は数百兆年」みたいなことを当たり前のように語っていたが、正しい可能性がある。

以上、異星人エアルの主張や『エイリアンインタビュー』という作品について、最初に読んだ時の困惑を克服しながら、簡潔に是々非々を論じた。

ユーチューバーのごろう氏は、「『エイリアンインタビュー』を読むたびに毎回新たな発見があり、本当だと思えてくる（たしか透知《とうち》と表現されていた）」という意味のことを語っておられた。筆者も同じような感覚を体験しているが、信じることなく放っておこうと思う。『エイリアンインタビュー』は驚くべき内容で筆者に従来なかった読書体験をもたらしたが、真実性を確かめようと努力しても無理だと諦めた。

グレイ種属は合衆国政府と密約（最高機密で非公開）して、家畜類を屠殺《とさつ》したり人間を誘拐したりしている（よく耳にする）のだが、エアルはそちらのグレイとは全く異なる。インタビュアーのマチルダは「エアルはシルバーのドールボディで生物体ですらない（筆者補足：細胞もＤＮＡも持たない）。必要なエネルギーは自分で発生するので食事も呼吸も排泄も不要」という意味の話をしていた。信じる信じないは別にして、こういう存在は今までに聞いたことがない極めて特異な生体である。銀河連邦関連の宇宙人のあり方と全く異なっている。
本章を書いている途中でエアルを霊的に感知し、エアルとの霊的なつながりを感じ取れるようになった。だからと言って何かハッキリしたことが分かったわけではない。何一つ裏付けが取れないのである。グレイ種族の中にもマチルダやニコラ・テスラのような立派な人物がいた。これは信じることにしよう。エアルは良い人だと感じたのだが、大嘘つきかも知れないとも感じる。やっぱり放っておこうと思う。宇宙人問題や輪廻転生問題については事実は極めて複雑なので、結論を出さないことにした。
ユーチューブを見ていると、様々な宇宙人情報が飛び交っており、宇宙人はすぐそばにいると感じるぐらいだ。子供の頃から宇宙人と付き合っていた人もいるぐらいで、そういう人は意外に多いのではないかと感じた。筆者の学生時代（１９７０年代）とは全く状況が変わり、地球人が宇宙人に公的に対面する日も間近になったのではなかろうか。宇宙人たちとの公的会見を通じて、現在地球に起きている問題群を直接解決すべきだというのが、筆者の意見である。秋山眞人氏がコンタクトした宇宙人は「今のところ地球の様子見中で、正式コンタクトするには時期が早い」そうだ。理解するには壁が多過ぎる世界なので放っておくしかない
日本には異星人と友達になった人がいた。ユーチューブ動画『【2ch不思議】子どもの頃異星人と森の中で度々会い、人類誕生や宇宙の仕組み等色々な事を教えて貰った【ゆっくり解説・作業用・睡眠用】』〈https://www.youtube.com/watch?v=bd3Fps92gWE〉を見れば、「宇宙人を身近な存在」と感じる可能性もある。超能力者の秋山眞人氏は何冊もＵＦＯ関連の作品を発表しており、非常に参考になる（『ＵＦＯと交信すればすべてが覚醒する』河出書房新社）。だが、秋山氏と同じ体験をする必要もないし、すぐに理解する必要もない。

地球人類が付き合うべき宇宙勢力とは?!

前項で本章は終わりかと思っていたが、エイリアンインタビュー公式サイト〈https://alieninterview.org/〉をグーグル翻訳を使いながら読んでいるうちに、次のような記述にぶつかり、考え直すことになった。日本語版書籍にも書かれている内容なので、以下は、日本語版の書籍からの引用である。

ＩＳ－ＢＥたちは、この銀河系の至る所、隣接する銀河とシリウス、アルデバラン、プレアデス、オリオン、ドラコニス、等の無数の他の「旧帝国」中の惑星系からこの地球に捨てられてきた。名も無き種属、文明、文化的背景と惑星環境からのＩＳ－ＢＥの住民の全ては、自分の言語、信仰体系、道徳的価値観、宗教的信仰、教育と知られていないし話されていない歴史を持っている。（傍線は筆者）

ここまで検討してきて、大きな問題が解明されていないことに気付いた。宇宙人問題に関しては、巷間に流布している情報の真偽について確認する方法がないということだ。普通人には手が届かない世界である。

誰も自分が話題にしている宇宙人を衆目の前に連れてきていないので、真偽を確認しようがない。

本章で紹介した上部一馬氏も、プレアデス艦隊の士官を皆の前に連れてきた訳ではない。上部氏はワールドビュー等のソフトを使って宇宙船の機影を確認しただけなのである。氏はワールドビュー等の画像で確認した機影をプレアデスのハーモニー宇宙艦隊であると言っておられるのだが、現実の宇宙船搭乗者（＝宇宙人）に面会してその目的や意図を確認したわけではない。現在のところ、宇宙人を公《おおやけ》に紹介した人はいないし、通常は宇宙人相手の書籍情報やチャネリング情報などを紹介しているだけである。

おまけに、ドメイン遠征軍のエアルが語るところでは、プレアデスやシリウスはかつてドメインの敵＝旧帝国側の星系である。これは大問題なのだ。ドメイン側が言っていることが正しいのか、プレアデスやシリウスの宇宙人が言っていることが正しいのか判断できない。宇宙艦隊とか銀河連邦とか言っても、その正体を誰でも分かるように証言できる人物がほぼいない（スティーブン・グリア博士ぐらいしか残らない?!）。

現在の宇宙人問題の本質とは、全く実体ベースでない（＝言葉だけでしかない）ということに尽きる。つまり、何を言ってもOKという状態である。宇宙人情報に関しては今のところ誰の言うことも確かではないのである。信用できるとすれば、その情報が一次情報に近く、一次情報をつかんでいると信じられる複数の人物が同一内容の話をしている場合である。

調べるほど分からないところが出てくる。現時点では、我々のような普通人には理解することすらおぼつかない世界があるのだ。背伸びして、分からない世界にまで手を伸ばして分かったフリをする必要はない。

普通人には宇宙人のことは分からない

本章の冒頭で紹介した「神世三剣」の意味を感じ取ったのは筆者だけのようだ（筆者が最初に「神世三剣じゃないか」とコメントしたのだから当然）。宇宙人は日本神話（『古事記』等）の内容を知った上で、UFOで東京上空に出現して、「神世三剣」を見せているのである。それを演出した宇宙人は、少なくとも筆者の存在を知っているはずだ。その宇宙勢力がプレアデスなのかドメイン遠征軍なのか、それとも別の勢力なのか……。それをハッキリさせる必要がある。

最終的には、ドメインだろうがプレアデスだろうがシリウスだろうが、宇宙人を実際に目の前に連れてきて証言させるしかないことが明らかである。我々地球人には、宇宙人との公式な直接的接触しか確実な道はない。アセンションするとかどうとかは別にして、確実なのは宇宙人との直接接触しかない。

本章を書き始めた当初はそのように思っていたのだが、アプローチ方法が間違っていたようだ。

前述のような動機があって筆者は宇宙人問題を探っていったのだが、実際にUFO（＝宇宙船）に乗り込んで他の惑星に行ってきたり、宇宙人の世界を見聞してきたり、UFOを自分の思念で創って思念で飛ばしたりと、数々のUFO体験をされた秋山眞人氏のような方には到底及ばない。秋山氏の体験は貴重なものだと思うが、筆者のような人間には同じ体験がないため、ほとんど参考にもならない。秋山氏のような超能力者の本を読んでも本当のところはほとんど分からないからである。

筆者はUFOすら見たことがないのである。だから、宇宙とかUFOに関する具体的な話は不可能なので、秋山氏のような方に任せておけばよいのだと気付いた。間が抜けた話で、ここまで読んでこられた方には申し訳ないと思う。

普通人のためのアジマリカン

落ち着いて考えてみれば、筆者にはアジマリカンがあった。

超能力や霊能力がない筆者のような普通人でも、アジマリカンを心に念じたり唱えたりすることはできる。アジマリカンは『古事記』神話の冒頭に登場する造化三神（＝天之御中主神＋高御産巣日神＋神産巣日神）のお働きを音声化した言葉であった。

『エイリアンインタビュー』では人間が〝ＩＳ―ＢＥ〟という永遠の生命を持つ霊であることが語られる。だが同書には、『古事記』のような神々の世界は語られていない。つまり、エアルが属するドメイン遠征軍という世界には、アジマリカンのような〝宇宙の中心の神〟は登場しないし、日本特有の〝一神即多神、多神即一神"という概念も出てこない。エイリアンの世界であるドメインには、中心の神も派生した神々もいないのである。

『エイリアンインタビュー』における中心概念の不在は、日本だけに存在する『古事記』の世界とは決定的に異なっている。言い換えれば、ドメインという世界は神不在である。だから、筆者の現在住んでいるアジマリカンの世界の方に安心を感じるのだ。宇宙人のことは何も分からない筆者の心中には『古事記』で語られるような豊かな神々の世界が息づいていることが無条件で感じられる。

筆者のような超能力のない人間には、『エイリアンインタビュー』の世界ではなく、日本的な『古事記』の神々の世界の方がしっくりくるのだ。『古事記』の世界には、天之御中主神という中心の神がおられ、その神さまからすべての神々、神々の子としての人間が生まれた。こっちの考え方の方が断然しっくりくるのだ。

筆者が「しっくりくる」と言った日本的なものとは何かと必死で考えた。これはやっぱり、「中心があること」なのではないのか。日本に天皇がおられるというのはそういうことなのではないか。宇宙の中心の天之御中主神が、日本という国に中心概念＝天皇として示されているのではないか。その事実を宣言する呪文がアジマリカンなのではないか。そういう結論に落ちついたのである。

私見では、「天之御中主神は概念として縄文の日本に眠っていた」というものだ。天之御中主神という神さまは、未だ発せざる中心（「未発の中」という）なのだ。つまり理念の世界にしか存在しなかった神さまである。そういう神さまを日本民族だけはちゃんと感知していて、天之御中主神と名付けた（これは生長の家教団創始者・谷口雅春師が初めて語った）のだが、筆者は自分の言葉で語り直している。古語で「宣り直《のなお》し」という行為である。これは世界を完全に救う理念であるから、何度も宣り直さなければならないのである。

筆者は宇宙人問題に引っかかってしまい、右往左往するような迷いの世界に踏み込んで溺れそうになった。我々のような普通人は、超能力者や霊能力者が分かるような世界には入っていけない。そういうことに気付いて、心静かにアジマリカンを思った時に、自分の腹中に全宇宙がふんわりと存在していることに気付かされた。分からなくてもよいのだ。アセンションしなくてもよいのだ。このまま神さまに感謝していればよいのだ。日々の稼業や雑務にいそしんでいればよいのだ。そういう当たり前のことに気付かされ、宇宙人問題は担当外として忘れてしまってよいのだ、と思えたのである。

この一年間、「宇宙船天空に満つる日」の件は異様なほど筆者の心を引きつけた。だが、それもそろそろ終わりのようである。もしそれがあるとしたら、起きるべき時に自然に起きるだろう。そのように思え、心に引っかかっていた焦燥に似たものがすっかり消えてしまったのである。

神世三剣ＵＦＯはドメイン遠征軍に所属

ドメイン遠征軍の異星人エアルが時々隣にいるように感じる。筆者とエアルは遙かな昔から知り合いだったかのような気持ちになる。エアルは間違いなく我々と同じ人（＝ＩＳ－ＢＥ）である。

それはさておき、ＵＦＯ＆異星人に関してはすぐには結論を出せないことが多い。前項を書いてから数日して、大きな二つの謎が本書全体を覆っていることがハッキリしてきた。

次の二つである。

謎Ｉ：神世三剣ＵＦＯの宇宙勢力は？　宇宙連合か？　銀河連邦か？

謎2：ドメイン遠征軍の正体は？

ドメイン遠征軍と神世三剣ＵＦＯには共通点がある。どちらも戦争に関係がある。本章冒頭の画像からも明らかなように、宇宙は戦争だらけだ。また、この地球も戦争だらけである。宇宙でも地球でも、いつも戦争をしてきたし、戦いは終わらない。現在はその戦いの最終局面である。

神世三剣が記載された『古事記』の世界と、異星人エアルが仕官として働いているドメイン遠征軍は、どこかで繋がっているのではないか。つまり、古代日本とドメインと呼ばれる宇宙領域は神世三剣ＵＦＯで繋がっていると感じる。

異星人エアルにインタビューしたマチルダに、筆者は古武士のような風格を感じたのだが、共通の雰囲気をエアルにも感じる。そう言えば、二人とも軍人だった。今の日本にはほとんどいないタイプであるが、明治時代まではいたはずだ。ＳＦスタートレックの宇宙船エンタープライズは惑星連邦軍に所属しており、多くの仕官が搭乗している。そういうイメージを想像していただければ雰囲気が分かるだろう。

ドメイン遠征軍は完全な軍隊だから、ドメインは軍人が尊敬される社会である。日本も明治時代までは軍人が尊敬されていたはずだが、現在の日本にはそういう雰囲気はかけらもない。アメリカによって作り出された属国・日本の偽りの平和の世界には、尊敬すべき対象すら見出せなくなってしまって久しい。

筆者は、もう一度日本を軍人や武人が尊敬される国にしたいと思っている。筆者のこの感覚を現在の自衛隊員に語っても、分かる隊員は数％ぐらいではなかろうか。現在の自衛隊に対して「良い日本にするためにクーデターを起こそう」と言っても自衛隊員はその意味すら分からないだろう。

今回の戦は〝とどめの戦〟と言うだけあって、ハルマゲドンの最終局面が近付いているということなのだ。

この戦に関しては普通の日本人は全く当てにならないし、自衛隊すら当てにできない。戦の主体は神だから神の戦なのである。だから随分勇ましい語り口になっているのだ。

ハルマゲドンの最終局面とは、神（天界、宇宙勢力）が地球に一気に攻め込むことを意味している。「天の軍勢」という言葉があるが、まさに天の軍勢が地球を襲うのだ。ところが、日本は大丈夫なのだ。

どうしてかと言えば、ハルマゲドンが終われば地球は日本一国となるからである。約千八百年前に天皇家が発祥したが、このハルマゲドンの最終決戦のために天皇家が存在するのである。徳仁天皇は地球軍の最高司令官となる方である。

本章冒頭の神世三剣とは、これからDSを完膚なきまでにやっつけるということだが、神世三剣を使うのは神（＝天界、宇宙）の勢力なのである。

問題の書『エイリアンインタビュー』の主役である異星人エアルの所属する軍隊はドメイン遠征軍だが、ドメイン遠征軍の正体は天界側の日本軍であると考えなければならない。そうでなければ、神世三剣が東京環状8号線上空に出現したことの意味が分からない。

ユーチューブで盛んに登場しているプレアデス、シリウス、オリオン、アルクトゥールス、アンドロメダ、等々の宇宙連合軍とドメイン遠征軍は敵対関係である。宇宙連合軍はエアルが語っていた通り「旧帝国軍」を後継する勢力であり、我々地球人を欺いている勢力なのだ。かつて一神教という宗教を通じて人類を洗脳し、現在も我々の洗脳を解こうとはしていない。

問題の書『エイリアンインタビュー』は、英語圏では2007年に発売されているのに、前記の星団名を語る人々は、決して『エイリアンインタビュー』について言及しない。一度でも『エイリアンインタビュー』を読むと、自分たちの立場がなくなってしまうからだ。『エイリアンインタビューー』にはそれだけの破壊力がある。

はっきり言えば、『エイリアンインタビュー』の異星人と、プレアデス等の異星人とは存在様式・生命のあり方が全く異なっている。ドメイン遠征軍仕官のエアルは人だが生物ではない。エアルはすぐに筆者を仲間として認識したが、エアルのように筆者を認識できた人は宇宙連合側にはいない。つまり宇宙連合とは心が通わない。彼らは天使の皮を被ったＤＳ側の人間である。

ＵＦＯ＆宇宙人問題とは、ドメイン遠征軍が本物なのか、それとも宇宙連合軍が本物なのかという二者択一問題に帰着する。

筆者の中では結論は明らかである。筆者はためらわずにドメイン遠征軍を選択する。ドメイン遠征軍と共に、とどめの戦を最後まで遂行することになるだろう。

おわりに

既に日本と地球世界は弥勒の世を迎えており、人類は弥勒世の完成に向かって歩を進めているところだ。今や弥勒世に入ってしまったので、待ったなしでシナリオが進んでゆく。

・愛子様の即位
・弥勒世開始の激動期に入った日本と世界の様相
・日本と世界のこれからシナリオ
・神世三剣とロズウェル事件の異星人のメッセージ

取り上げた話題は、必ずしも時系列（最近では〝タイムライン〟と呼ぶらしい）に沿ったものではない。本書の「愛子様の即位」、「日本と世界のこれからシナリオ」などという話題は、これから起きるかも知れないこと、または、これから起きてほしいことに関する内容となっている。

これから何をするにも、情報収集や状況整理が必須である。現在の地球の状況をザックリと把握できていない場合、どんなに政治向きのことを学んでも過去の歴史を学んでも情報不足となってしまう昨今である。

筆者のアンテナには宇宙人の情報が最も重要であるとして、ビンビン引っかかってくる。日本は既にモデルとなる体験を持っていることに気付く。モデルになる体験とは、幕末から明治維新にかけての開国騒動であることは言うまでもない。それと完全に相似な状況が地球レベルで起きている。これから「地球維新」と呼ばれる大事件が起きるに相違ないのである。

　地球維新においては、黒船の代わりにＵＦＯがやって来る。既に多数のＵＦＯが地球にやって来ているし、異星人もやって来ている。地球に住んでいる異星人も何種類も存在する。異星人が地球に来ている目的は、①観察や調査のため、②技術供与・システム開発、③地球人を教育するため、④物資の補給、等々さまざまであると考えられる。

　作今、ＵＦＯ関連の情報開示（ディスクロージャー）が行われるようになってきているが、スカパーのヒストリーチャンネルやディスカバリーチャンネルでは、その種の情報を公開する番組が増えてきている。その代表が『古代の宇宙人』シリーズである。筆者は繰り返しヒストリーチャンネルの同番組を視聴している。最近ではコロナ禍による制作本数の減少が著しく、同一シリーズの繰り返しばかりで見飽きた観がある。

　数年前までであれば同シリーズが最先端を行っていたが、最近では完全にユーチューブ動画が『古代の宇宙人』に追いつき追い越してしまった。ユーチューブでは、宇宙船がバンバン映った作品が目白押しである。つまり、ＵＦＯの現物が堂々と登場しているという意味だ。何万kmという巨大な火の鳥型ＵＦＯや地球よりも大きなデススター型天体など、宇宙は想像をはるかに超えてにぎやかである。

　未だにユーチューブ動画に登場していないのは、生《なま》の異星人のみである。その「生の異星人」にしても、今にも登場しそうな雰囲気がドンドン高まっている。あるいは、筆者が知らないだけで、既に生の宇宙人が登場するチャンネルがあるかも知れない。

　近いうちに異星人の生出演番組が公開されるのではなかろうかと、筆者など楽しみでしかたがない。

　地球維新は必ず起きるが、その最大のエポック（画期的な出来事、重要な事件、ハイライト）が異星人の公的登場である。それしか考えられないのだ。

その出来事の意味は明治維新における黒船（＝蒸気船）到来とは比較にならないほど巨大である。その場合に問題となるのは受け入れ側である一般地球人の意識だが、その意識が宇宙に向かって開けるのを待ってはいられない。一般地球人は洗脳され切って夢を見ている状態なので、相手にしようとは思わない。

各国政府も「ＵＡＰ（Unidentified Aerial Phenomena＝未確認空中現象）の存在であれば渋々認める」態度になりかけているようだが、異星人の存在については、科学者連中もとぼけているというか、しらばっくれているというか、ハッキリした態度を取らない。学者連中は未だに電波を飛ばして宇宙人に呼びかけるといったアホらしい行為を続けているし、せいぜい「可能性がある」とほのめかす程度である。

その一方で異星人を正式に認めている国家もある。２００８年11月14日、前ローマ法王・ベネディクト16世は「神はアダムとイブと共に地球外生命体を創造された」と声明を発表。バチカンは国家として異星人の存在を容認している。アメリカやロシアが異星人からの技術供与を受けたり、新技術の研究開発を行ったりしていることは、知る人ぞ知る事実である。こういう国家が他にも存在することは容易に想像可能である。

現在筆者が考えている異星人とのコンタクトストーリーをまとめてみよう。

このプロセスは、地上の日本人と天空の軍勢（天《あま》津《つ》神《かみ》）による完璧な武力行使である。なぜなら神世三剣を顕《あら》わしたＵＦＯは日本人に最終的な武力行使を伝えたからである。主役は地上の日本人であるが、現在の日本政府と自衛隊の大部分は消えるべき存在なので蚊帳の外に置かれる。自衛隊の一部は日本軍＝地球防衛軍の中核として残る。

ＰＵＲＰＯＳＥ（目的）：地球維新を起こす（Ω《オメガ》デイ）

ＷＨＯ（誰が）　：国家ではなく個人の集団（グループ）が異星人と連携する。Ωデイの主役は天

WHEN（いつ）：準備はただちに開始する。Xデイ（地球維新の日）は異星人側と摺り合わせておく。

WHERE（どこで）：日本（＝地球）で

HOW（どうやって）：世界中の主要都市の上空に同時にUFOが降臨する。同時に全世界の武力を完全停止する。天皇（と異星人艦隊司令官）がメディアを通じて地球維新の声明を公式発表する。地球は日本一国のみとなり、永久的な世界平和を樹立する。詳細な声明内容は今後の検討課題。

地球維新は以上のようなストーリーで進行する。UFOの大軍は地球（日本）の安定が確立されるまで上空に滞在する。筆者はユーチューブで神世三剣《かみよさんけん》を見た時に、一瞬にして、前記のような地球維新のストーリーを想像したのである。

地球維新とは地上の日本人と天空のドメイン遠征軍（天津神）による圧倒的な武力革命なのである。その日は刻々と近づいている。

令和五年5月吉日　あじまりかん行者　斎藤敏一

付録1　ユーチューブお薦めチャンネル

名称 <URL>	説明
ごろうTVアカペラふしぎ癒し系 〈https://www.youtube.com/@gorochantv/featured〉	どうしたら地球から脱出できるの？徹底研究！はじめてのエイリアンインタビュー等を一人語り。愛すべきキャラ
Rapi TV 〈https://www.youtube.com/@Rapisu1017〉	ガジェットやGoogle Earthの不思議な場所・火星や月の謎などを発信。筆者の一押し
JCETI グレゴリーサリバン 〈https://www.youtube.com/@JCETI〉	JCETI（日本地球外知的生命体センター）代表のグレゴリーサリバン氏主宰チャンネル
StarSeedChannel・スターシードチャンネル 〈https://www.youtube.com/@starseed-channel〉	市村よしなり氏主催のスターシード（宇宙由来の魂）の為のチャンネルで多数のゲストが参加して楽しい
Miyoko Angel 2 〈https://www.youtube.com/@miyokoangel〉	隠されてきた光と闇の「秘密宇宙プログラム」を知らせるチャンネル
もぎせかチャンネル 〈https://www.youtube.com/@maomao96363〉	世界史を教える予備校講師・茂木誠氏が主宰するチャンネル
みんなのニュース2 〈https://www.youtube.com/@minnanonews2〉	地震研究家レッサー氏の地震専門チャンネルで毎日更新。日本列島が世界大陸の雛型だということが分かる
調査報道　河添恵子TV／公式チャンネル 〈https://www.youtube.com/@TV-og6pg〉	マスメディアの報道とはまるで違う世界情勢の真実をディープに届けるチャンネル
World U Academy/ヒーローズクラブ 〈https://www.youtube.com/@worlduacademy-hero〉	「日本を元気に！HERO'S CLUB」ワールドユーアカデミーが主宰するチャンネル
及川幸久THE WISDOM CHANNEL 〈https://www.youtube.com/@oikawa_yukihisa1〉	幸福実現党の及川幸久氏の公式チャンネルで、告知や時事問題コメントなど毎日更新。情報が早くて正確

【越境3.0チャンネル】石田和靖 〈https://www.youtube.com/@3.0〉	アジア/中東/アフリカ等50カ国以上訪問して様々なプロジェクトを企画主催してきた超元気な石田和晴氏のチャンネル
古是三春_篠原常一郎 〈https://www.youtube.com/@user-rw5uq5mn7k〉	日本共産党専従や国会議員秘書、民主党衆院議員政策秘書など歴任し執筆講演活動。現在はジャーナリスト
女性天皇と共に明るい日本を実現する会 〈https://www.youtube.com/@f.emperor〉	政治団体「女性天皇と共に明るい未来と実現する会」代表くぼた京氏が「愛子様を天皇に」で活動するチャンネル
カナダ人ニュース 〈https://www.youtube.com/@canadiannews_yt〉	カナダ在住のやまたつ氏が気になるニュースについて、毎日、超早口でコメントするチャンネル。毎回最後に愛猫が登場
ChGrandStrategy 〈https://www.youtube.com/@ChGrandStrategy〉	参政党の神谷宗幣氏が政治/経済/歴史/軍事/食と健康等のテーマで今後の日本の国策検討に必要な基礎知識や教養を配信
トモダチTV 〈https://www.youtube.com/@TV-un6jr〉	明るい社会を作り、幸せな人生を送るための様々な情報を発信するネットTV局
「週刊西田」 〈https://www.youtube.com/@ShukannishidaJp〉	西田昌司（参議院議員）が毎週視聴者の質問に答えるチャンネル
我那覇真子チャンネル 〈https://www.youtube.com/@masakoganaha〉	沖縄在住の我那覇真子（がなはまさこ）氏が世界各地を突撃取材してレポートを発信する貴重なチャンネル
石平の中国週刊ニュース解説 〈https://www.youtube.com/@user-uy4cr9se8j〉	日本に帰化した中国人の石平氏が中国国内のニュースを定期的に伝えるチャンネル
林千勝／月刊インサイダーヒストリー 〈https://www.youtube.com/@hayashichikatsu〉	近現代史研究家 林千勝氏が、最新のニュース解説や、メディアが言わない歴史を紐解くチャンネル
山中泉 Sen Yamanaka 〈https://www.youtube.com/@SenYamanaka7〉	米国在住の元極真空手師範で、幾つもの会社を経営してきた愛国的オピニオンリーダーによる情報発信チャンネル
参政党の部屋【さんせいとう,sanseitou】切り抜き 〈https://www.youtube.com/@sanseito〉	神谷宗幣氏をメインに、参政党とは何か、評判通りの政党か、自分の目と耳でサクッと確認できるチャンネル
三橋TV 〈https://www.youtube.com/@mitsuhashipress〉	三橋貴明（経世論研究所所長）氏が、日本経済、アメリカ経済、中国経済、韓国経済、マスメディアの問題について発信

付録2　アジマリカン用語

神　：筆者（斎藤）がアジマリカンを唱えることによって認識した波動的・エネルギー的実体を「神」と呼ぶ。古代日本人（＝縄文人）が認識していた渦巻く根源のエネルギーで、一神教のゴッド（ヤハウェ）とは全く異なる実体。日本的な神認識においては、「一神即多神、多神即一神」という関係が成立しており、多神＝八百万の神は一神より出たものと認識される。英語で神はゴッドだが、本論では神とは「隠り身」・「幽身《かみ》」、すなわち、宇宙に遍満する波動的・エネルギー的な存在であるとしている。神の中で最も根源となる神は『古事記』の冒頭に登場する造化三神（天之御中主神、高御産巣日神、神産巣日神）であるが、アジマリカンは造化三神が音として顕現したものである。

親神：筆者の体感では神とは波動的エネルギーだが、神は人格的存在でもあり、我々人間の親なので「親神」と呼ぶことがある。過去の教祖（例：天理教の中山みき、その他）が宇宙の最高神を親神と呼んでいた。

言霊：通常は「ことだま」と読むが、本論では清音で「コトタマ」と表記する。アジマリカンという言葉には霊的な実体が伴っており、「アジマリカン」という音・響きはコトタマそのものである。実際に発音しなくても念じるだけで効果が発揮される。

カジリ：古神道の世界には、カジリと呼ばれる特別な言葉（句、呪文、祝詞の一部）が幾つか存在する。仏教的に言えば真言や称名（念仏）、称題と呼ぶことがある。呼び方は色々あるが、特定の言葉を声に出したり、念じたりすることによって、特定の効果を得ようとする目的のものがカジリである。アジマリカンという言葉はカジリの一種で、かなり広く知られている。インターネットを検索すると、とことのかじり「アマテラスオオミカミ」が先ず引っかかるが、その他有名なカジリとしては「トホカミエヒタメ（またはトホカミエミタメ）」がある。他にも色々とカジリは存在するが、本論ではアジマリカンを特別なカジリとして詳しく紹介する。

一霊四魂：幕末の神道家の本田親徳《ちかあつ》によって提唱された霊魂観で、神や人には荒魂、和魂、奇魂、幸魂という四つの魂（＝四魂）があり、それらを一霊の直霊《なおひ》が統括しているという考え方。

とどめの神：大本開祖の出口ナオのお筆先『大本神諭《おおもとしんゆ》』に登場する「艮《うしとら》の金神」の別名で、世界の建て替え・立て直しを行うと言われている。『大本神諭』には「とどめに艮の金神が現はれて…」と書かれている。斎藤説では、「とどめの神は大神呪アジマリカンとして顕現している」と語られる。

一厘の仕組：大本神諭や日月神示で語られる神の計画のことで、特に最終段階のものを一厘の仕組と呼ぶ。未だに誰も一厘の仕組を解いた人物はいないとされるが、斎藤がアジマリカンを念じた時にとどめの神が降臨したので、一厘の仕組も解けてしまった。

天皇行法：天皇が実践すべき霊的な修行として、自霊拝とアジマリカンが存在することが、山蔭神道に伝わっている。これらの修行を総称して天皇行、天皇行法と呼ぶ。実際に皇太子や天皇が天皇行法を実践しているかどうかは未確認だが、佐藤定吉博士の著作『日本とはどんな国』によれば十分に想定可能である。

山蔭神道：応神天皇の時代に、天皇行法（アジマリカンと自霊拝という二種類の行法を中核とする修行体系）を伝承するために創始された古神道の教派。その経緯は、後述する佐藤定吉博士の『日本とはどんな国』に、山蔭神道第七十九世教主・山蔭基央師から佐藤博士に直接伝えられた出来事として紹介されている。

日本とはどんな国：佐藤定吉博士による同名著作のタイトル。氏の著作によって斎藤はアジマリカン行者となった。同著内では、アジマリカンによる神の顕現、日本列島が神の国であるという体験などが語られており、斎藤も佐藤博士が語る体験と同様の体験を経てきている。

アジマリカンの降臨：斎藤の同名著作のタイトルとなっているが、このタイトルは「アジマリカンを唱えると実際に神が降臨する」という事実に基づいている。アジマリカンで降臨する神とは、古事記の冒頭に登場する造化三神（天之御中主神、高御産巣日神、神産巣日神）である。造化三神はアジマリカンという言葉を唱える（念じる）ことによって、体感認識することができる。造化三神とは、いわゆる宇宙創造神＝最高神のことだが、「その気になれば誰でも最高神を体感認識可能である」

というのが本論の根底にある考え方である。

アジマリカン行者：大神呪アジマリカンを唱えたり念じたりすることを専らとするアジマリカンの実践者をこのように呼ぶ。筆者・斎藤は一介のアジマリカン行者である。

DS（ディープステート）：2017年と2018年の米国世論調査で、米国民の約半数がディープステートの存在を信じていることが示唆されている。第45代大統領ドナルド・トランプとその政権のさまざまな高官らは、在任中にいわゆる「ディープステート」についての言及を繰り返し、この存在がトランプと彼の計画の足を引っ張っていると公式に主張した。DSはしばしば陰謀論という決め付けをもって語られる傾向にあるが、実際問題、ネオコンと呼ばれるアメリカの支配階級の中核にDSが一つの勢力として存在するらしいことは疑えなくなってきている。ただし、DSという特定の固定的な組織があるという意味ではなく、金権・武力によって世界を欲しいままにしようという勢力が存在する、といった話である。DSの存在は、神の前に今や風前の灯となっている。

UFOと異星人：アジマリカンとUFO&異星人は大いに関係がある。なぜなら、アジマリカンは宇宙創造神が顕現する言葉なので、アジマリカン行者は否応なく宇宙と関わりを持つことになる。宇宙には、異星人が搭乗するUFOが存在し、多数が地球に訪れているし、地球に在住する異星人もいる。カナダの元防衛大臣＝ポール・ヘリアー氏（故人、本文で登場）の語る通りである。

フリーエネルギー発生装置：弥勒世完成のための根幹技術としてフリーエネルギー発生装置が必要となる。空間から無限のエネルギーを取り出すための諸技術が異星人よりもたらされており、今や実現間近となっている（はず）。また、ニコラ・テスラが既にフリーエネルギー発生装置を作ったという話もある。どうしてフリーエネールギーが必要かと言えば、この世からお金というものを克服消去するためである。お金が不要となれば、お金持ちが権力を持つという現代社会のあり方が根底からひっくり返るからだ。だから、実際にこの技術を秘密裏に使っている米国やお金持ち連中がフリーエネルギーの存在する事実を明かすことはない。フリーエネルギー発生装置を実現するには、ＵＦＯ＆異星人＆フリーエネルギーに関する事実を国レベルで公的に（完全にオープンな状態で）情報開示して、開発問う必要な作業を遂行するしかない。この事態はＤＳが権力を失うため、絶対に望まないことだ。しかしながら、誰か（あるいは何処かの国＝多分日本）がバラしてしまえば一気に装置が完成する。同時にフリーエネルギー発生装置の開発をＤＳから妨害されないようにやってのける方法を考えなければならない。おそらく善意の異星人とタッグを組む必要があろう。

ニコラ・テスラ(1856-1943)
：フリーエネルギーの父

ＷＧＩＰ：War Guilt Information Program（ウォー・ギルト・インフォーメーション・プログラム）の冒頭には、「ＣＩＳ局長と、ＣＩ＆Ｅ局長、およびその代理者間の最近の会談にもとづき、民間情報教育局は、ここに同局が、日本人の心に国家の罪とその淵源に関する自覚を植えつける目的で、開始しかつこれまでに影響を及ぼして来た民間情報活動の概要を提出するものである。」とある（参考：ケント・ギルバート『まだＧＨＱの洗脳に縛られている日本人』ＰＨＰ文庫）。ＷＧＩＰについては、他にも色々と出版されている。現在の日本の状況を見れば、ＷＧＩＰの企図した通りの日本になってしまっている事実に愕然とさせられる。そんな事実は知りたくもないのだが、自分から知ろうと思えば、それが実際にあったこととして気付かざるを得ない。

付録3　アジマリカンの心

筆者のアジマリカン体験

◎「アジマリカン」との出会い

大神呪「アジマリカン」と出会った私は、その当初から日々「アジマリカン」を念ずる生活に入っていた。「アジマリカン」を称《とな》えて最初に驚いたのは、今まで感じたことのない霊的な波動が、「アジマリカン」の音に乗って私の身体に入ってきたことである。その時、「何だこれは！　これが神というものか……」と思っていた。それまでは、神を念じたり、心の中の神に向かって祈ったりするようなことはあっても、「アジマリカン」を念じた時のような神の波動は感じたことがなかった。だから、神の波動が自分の身体《からだ》にサッと入ってきた時には、大いに驚いたのである。

私はいわゆる霊媒体質（幽的なものを感じる体質）ではないので、霊や神の世界が見えたり、そういう声が聞こえたりといったことはなかった。だから、神社に出かけて神霊の姿を見たり、神や霊のお告げを聞いたり、幽霊を見たり、といった体験は皆無である。例外的に霊的な内容の明晰夢を見ることがあったぐらいである。夢の中ではキリストらしき霊（イエスではなく太陽神霊）が出てきたり、宇宙人が出てきたり、百合の花の妖精が出てきたり、前世の一コマらしい夢を見ることもあった。

学生時代は時間があった（暇だった）ので、専攻している物理学の勉強よりも新興宗教の教祖たちの著作内容の方に興味を持った。ヨガの瞑想をしたり、座禅を組んだり、新宗教と呼ばれる「生長の家」（以降「S会」）の神想観や「白光真宏会」（以降「B会」）の統一、神智学系の「竜王会」の瞑想といった各種の修行は習慣的に行っていた。もともとそういう神秘系の修行は好きだったので自然に実践していたのだ。

神社で祈ったり瞑想したりする目的は、仏教でいう「三昧」、ヨガの「サマーディ」、B会の五井昌久師のように神人合一の境地に到達することだった。だが、その願いは学生時代には、あと一歩というところで叶えられなかった。社会人になってからも、私の宗教的な境地がはかばかしく進展するようなことはなかった。何をやっても「これだ！」と思うような感動や出会いもなく、続かなかったのだ。

私が還暦を過ぎた頃、その「あと一歩」は突然叶えられた。佐藤定吉著『日本とはどんな国』に啓発され、大神呪「アジマリカン」を真剣に念じた時のことである。その時私に訪れた啓明は、仏教で言う三昧や大悟、ヨガのサマーディとは明らかに異なるもので、むしろ日本的な体験だった。

◎「アジマリカン」体験の様相

それは、「ひょっとしたら、これが神かも知れない」というものだった。瞑想的な行は、大学を卒業後も何となく続けていたが、そのような神秘体験はなかったのだ。私を訪れた神かも知れないものとは、一種の波動的な実体であった。不思議な波動が私の中に飛び込んできたのである。最初に大きな驚きと戦慄があった。

その時始めて、私は「これが神である」と納得する何かを掴《つか》んだと思ったのである。その体験は一種の悟りなのかも知れないが、いかにも悟りを開いた「宇宙の秘密の一切を知り得た」というような状態とは違っていた。一番近いのは「宇宙と一つになった」という感覚である。何か分かるようになったとか、特別な能力を授かったというようなことではない。ただ、宇宙との一体感だけが際だっていた。自分の身体の境界が失せた感じがしたのである。それまでも宇宙との一体感はあったのだが、「神」と感じる何かが私の中に入った点において、従来の意識状態とは明らかに違っており、「これは、一、大事だ」と思ったのである。

私には一種の霊的感受性はあるけれども、皮膚感覚を延長したかのようなものである。霊の姿は見えないし、声も聞こえない。他人の心を読んだり、遠くの物を透視したり、物品を引き寄せたり、霊界を訪問して遊び回るといった能力も体験もない。他人の前世を読む能力もない。だが、霊や神の存在だけは実体として感知できるのである。その種の見えない実体の感じ方とは、その存在と一体になって「霊が目の前にいる」、「霊が自分の中に入っている」という感覚なのだ。

私自身の霊的感覚とそれに関連する体験について、このように詳しく書くのは初めてのことだ。なぜこのようなことを書いたのかと言えば、大神呪「アジマリカン」で私の身に起きた体験が、それ以前の数十年では全くなかった体験だったからだ。私の「アジマリカン体験」は、良い意味で私の予想を裏切るような体験であった。「これはそ、の、も、の、ズ、バ、リ、の、神、だ」という直観があり、とにかくビックリしたのである。ここからの文章には「直観」という言葉が数多く登場するが、それらは私の直接認識であるという意味を持つ。その点にご注意の上、読み進んでいただきたい。

旧約聖書とアジマリカンでは、以下のように神認識のあり方が大きく異なっている。

旧約聖書　　：神　　　　　→　預言者（外流、間接的、預言者だけ交流可能）
アジマリカン：神（コトバ）→　斎藤　（内流、直接的、誰でも交流可能）

旧約聖書では「外流」と言い、外なる神の言葉が預言者に伝えられる様式を取っている。一方、斎藤の場合は「アジマリカン」という言葉が自分の中で直接響き渡る。神からのメッセージは「内流」と呼ばれ、自分の中で認識される。これが決定的に異なるところである。旧約聖書の時代と現代では全く伝達様式が異なるのだが、この違いは根本的なものであって、そもそも神なる実体が全く別物であるということを意味している。一体どちらの神が本物なのか？

旧約聖書の神は外なる神であって、預言者一人としか交流することができない。一方、アジマリカンの神は内なる神であるから、誰でも交流可能である。「アジマリカンの神こそが本当の神である」と宣言したいところであるが、しばし保留しよう。

◎「アジマリカン」は活き物？　探求の旅へ……

この「アジマリカン」という呪言には極めて不思議な性質がある。それは、身体に入ってきたり、身体から出ていったりする実体を伴っているという性質だ。「アジマリカン」が身体に入っている状態とは、何か活き物（＝霊的な実体）が腹中に入っているという感覚を伴うことだ。この種の感覚については、私だけでなく、私の講演を聴きに来た方の一人も、「何かお腹がほんわりと暖かい」という体験を語っているから、あり得ることかも知れない。

さらに不思議なのは、私の腹中に入った「アジマリカン」がそのまま留まっているという事実である。そういう状態になると、「アジマリカン」なる実体が身体に馴染んで、最終的に一つになってしまうということだ。「アジマリカン」はそういう活き物的な不思議な実体なのである。

これはとても不思議な感覚なのだが、常時「アジマリカン」という音が私の体内（＝腹の中）に成っていることを感じる。この「成っている」は「鳴っている」と同義である。

私は、この自分の腹中で鳴っている存在を「神」と呼んでいる。この「神」とは、いったいどういう神なのであろうか？　その答が得られれば、本論の目的は果たされる。

自分の腹中で神が鳴っているという感じ方は、私の個人的な突拍子もない感じ方のように思われるかも知れない。だが、そのように感じているのだから、感ずるままに書くしかない。

私の中の生き物のような存在＝アジマリカンとは、このように曰く言い難い特性を持つコトバなのである。

今までに、アジマリカンの解明を試みた人は何人もおられたようだが、その意味は未解明のままである。

アジマリカンの伝承者である山蔭神道の山蔭基央師（故人）も、「この言葉は古伝であって意味は不明である。さまざまに解釈されているが、いずれも正鵠《せいこく》を得ているとは思われない」と語っている（『神道の神秘』春秋社、２０００年）。

しかしながら、山蔭基央師は著書『一霊四魂』（霞ヶ関書房、１９７３年）に、「アヂマリカムとは絶対の神の権能を示すコトタマであると共に、神を現す最大の方法であり、神の威神力を称賛し、神そのままを発現する言葉である」と語っていた。その間２７年、山蔭師に、アヂマリカムに対する認識が変わるような出来事があったのだろうか。

このように、アジマリカンとは伝承主体の山蔭神道でも意味が分からないコトタマなのだ。それにも関わらず、「これを唱えることによって、さまざまな霊験があったという話は枚挙につきない。山蔭神道では、諸霊を供養する時や、自霊の活性化を祈念する時や、あらゆる時にこの神呪を唱えるのである。これを百万遍奉唱すれば、おのずから神通力を得るともされている」（『神道の神秘』）と報告している。

大神呪「アジマリカン」とは一体どういうコトタマなのであろうか？

『神道の神秘』の山蔭師の報告にいたく刺激を受けた私は、何とか大神呪「アジマリカン」の正体を突き止めたいという思いから、探求を開始したのである。

アジマリカンの歴史

◎アジマリカンとイスラエルの関係

アジマリカンという言葉は歴史的観点で理解されなければならない。歴史的にはイスラエル（＝ヤコブ）と日本（＝アメノヒボコ）が関係する。

いきなり「イスラエル」という言葉が出てきたのだが、これは仕方がないことだ。なぜなら、筆者の前世がイスラエルそのものだったからだ。「筆者の前世がイスラエルそのもの」という意味は、「筆者が旧約聖書に登場するアブラハム～イサク～ヤコブなる系図上の人物ヤコブであった」ということだ。筆者が初めてアジマリカンを唱えた時に、そういう不思議なことが思い出されてきたからである。

旧約聖書によれば「ヤコブ＝イスラエル」である。筆者の体験では、イスラエルの風――一種の霊的な風である――が自分の身体に吹き込んできたのだが、その体験は、日本列島に「ヤコブの霊」が吹き込んだという出来事を意味している。ヤコブの霊がアメノヒボコとして生まれ変わって、日本にやって来たのだ。

わざわざ「ヤコブの霊」という表現を取っているのは、ヤコブなる人間は紀元前二千年ごろに亡くなっているためだ。亡くなった人間は霊になる。つまり、「ヤコブの霊は日本列島に生まれ変わった」という考え方を採用している。霊的実体の輪廻転生という現象を、普通に起きていることであると考えれば説明は付く。

それでは、一体いつ頃にヤコブの霊は日本列島に生まれ変わったのであろうか。また、歴史上の誰として生まれ変わったのか。

結論から言えば、ヤコブは三世紀頃に伽耶の国にアメノヒボコとして生まれ変わってきたのだ。霊が生まれ変われば表面的には前世の記憶や記録は完全に失われ、別人としての人生を送ることになる。だがヤコブの霊的実体は失われていないので、「ヤコブの霊」という表現になるのだ。

拙著『日本建国の秘密 ヤコブ編』（日本建国社、２０２１年）には、「ヤコブ＝アメノヒボコ＝筆者」という輪廻転生の物語を書いたが、この等式に関しては注意が必要である。

輪廻転生の仕組は未だに解明されてはいないので、単純な等式は成り立たない可能性が高い。また、等式の中身は現時点では完全にブラックボックスであり、物証や文献では証明できない。私の認識の世界において一貫性があるという話でしかない。

輪廻転生に関しては、釈尊も多くの前世を語っているが、それらが正しいと検証されているわけではない（大部分は創作された説話だろう）。私の前世も、ヤコブだったりアメノヒボコだったりしている可能性はあると言いたいが、現時点では物的証拠や文献的証拠は存在しないので、単なる想像でしかない。ただ、大本などで「一厘の仕組」と呼ばれている神の最終計画があって、その計画の中で、ヤコブやアメノヒボコが関係していたという想像を語るのみである。

アジマリカンは日本建国時にアメノヒボコに降臨した言葉である。その証拠はないのだが、筆者の中ではそうでなければならないのである。

◎イスラエルはアジマリカンの最大の秘密

佐藤博士が「アジマリカン」をヘブル語で解釈しようとされた背景には、アジマリカン最大の秘密＝「イスラエルの霊」が横たわっていた。あいにく、博士の解釈は「世の罪を負う祭司長」という誤ったものであったが、方向性は合っていたのだ。その意味を、かいつまんで説明しよう。

私が数年前に『一輪の秘密』という作品（『アジマリカンの降臨』として出版）を執筆開始した頃、イスラエルに関連した神秘体験があった。その体験を「イスラエル体験」と命名したのだが、名前の通りイスラエルから歴史的な風が吹いてきた、というものだ。どうして「歴史的」と感じたのかについては、体験をした時には謎であった。とにかく「イスラエルの歴史」なる実体（＝霊）が、風となって私の霊体の中に吹き込んできた。そのように感じたのである。

その「イスラエル体験」の約2年後に、旧約聖書時代のヤコブの「神と闘って勝った」物語が関係しているように思えたのだ。自身の霊体験に関してそういう解釈をしたのは、筆者が若い頃に見た夢が関係していた。

その夢の中では、私自身が神ならぬ異星人と相撲を取っていた。夢の中の異星人はウルトラマン風のボディスーツを着込んでおり、地球人ではないことが分かっていた。

私は長時間異星人と相撲を取ったのであるが、勝敗が付かぬまま夢が覚めた。目覚めた時の私の気分は「私は異星人と相撲を取ったが負けた気がしない」というものだった。

現在改めて思い起こしてみても、「随分突拍子もない夢を見たものだ」と思うし、当時は旧約聖書の知識がなかったので、解釈不可能という状態であった。

現在では旧約聖書の知識が多少入手できているので、連想によって、「イスラエルの歴史」と感じた霊的

ユダヤ人埴輪（『発見！ユダヤ人埴輪の謎を解く』田中英道、勉誠出版、2019年）

実体がヤコブの霊であったと関係付けることができる。ヤコブの別名がイスラエルであることを知識として知っているからである。

当時の私は「消えたイスラエル十支族」という問題に強い興味を抱いており、漠然とではあるが、「彼らイスラエル人《びと》は古代の日本にやってきたのではないか」という想像をしていた。その想像は最初は単なる思い込みだったが、「消えたイスラエル十支族」に関する著作は色々と発表されており、それらの作品を手当たり次第に読むことで、だんだんと事情が飲み込めてきた。イスラエル十支族が日本列島にやって来たという伝説は、今や既定事実に変わろうとしている。

前頁に示すのは「ユダヤ人埴輪」であるが、どう見ても古代ユダヤ人に見える埴輪が残されているのだ。これは「言われてみればやっぱりそうだった」という好例ではなかろうか。本頁画像内の二体の埴輪が、生粋の日本列島人の姿を写したものでないことは明白である。彼らこそが後に秦氏と呼ばれるようになった古代ユダヤの民であるという蓋然性が高まるのである。

「ユダヤ人埴輪」とは、言った者勝ちの命名である。最初に言った田中英道氏は偉かったと思う（補足：田中氏の日本古代史観は「何でも東国から来た」という偏ったもので、採用できないということを補足しておきたい。日本古代史観は歴史作家の関裕二氏によるものが一番正解に近いと思っている）。

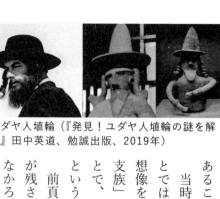

同時に、『旧約聖書』もその触り部分だけを読んで、自分の「異星人と相撲を取った夢」の意味も分かってきた。その夢の意味とは、次の通りである。

「自分（＝斎藤）が旧約聖書のヤコブとして生き、異星人と実際に相撲を取って負けなかったことによって、異星人からイスラエルの名を勝ち取った」

さらに、私が「イスラエルの歴史」だと思った霊的な風の意味も分かってきた。これは「ヤコブ＝イスラエルの霊が日本列島に吹き込んだ」という意味になる。ヤコブはイスラエルの歴史を背負っているから、歴史的実体として感じられたのだ。だが、どうしてヤコブ＝イスラエルの霊は日本列島に来なければならなかったのだろうか？

◎外なるイスラエルと内なるイスラエル

ヤコブ＝イスラエルには巨大な秘密があって、その秘密を一身に担っていたのが他ならぬ斎藤という人間だった。この話は拙著『日本建国の秘密　ヤコブ編』のメインテーマなのだ。実を言えば私・斎藤が旧約聖書のヤコブだったという話なのである。

こういう話は出版界のタブーだと聞いたことがある。私から言わせれば、そういうタブーなどクソ喰らえである。ヤコブだった前世を思い出してしまったのだから仕方がないのだ。

ヤコブ（＝筆者）はイスラエル十支族を日本列島に導いた当人なのである。イスラエルの主立った支族を（霊的に）導いて、極東の日本列島へ連れてきたのだ。『日本書紀』の応神天皇記に「弓月の民の帰化」という事件が記されている。有名な話で、単なる想像ではない。物語としての整合性があって、ひょっとしたらと思わせる要素が多いのだ。

あくまでも筆者から見ての感想だが、現在のイスラエル国には神がいない。イスラエルの神はヤコブと一緒に日本列島に移動してしまったからである。

中東のイスラエル国は神の目から見れば抜け殻のようなものだ。そこには良いものが残されていないので始末に負えない。残っているのは怨念と争いのタネだけである。

そもそも、イスラエルの実体は日本列島に溶け込んでしまっており、日本の内なるイスラエルとなっている。内なるイスラエルの特徴は「神への指向性」であり、日本建国時に天皇の存在という形で結実したのだ。今や日本こそが真の意味でのイスラエルなのであるから、聖書の民は中東の外なるイスラエルではなく、真のイスラエル＝日本に帰還すべきなのである。

拙著『アジマリカンの降臨』と『日本建国の秘密 ヤコブ編』を読めば、イスラエルの真実が分かるだろう。今やイスラエルとは日本のことなのである。

◎アジマリカンが天降った人・時・所

筆者は2015年、佐藤博士の『日本とはどんな国』を読んで、「アジマリカンという言葉を称《とな》えなければ何も始まらない」と思った。だから、すぐに「アジマリカン」を念じたのだ。すると本当に神（造化三神・宇宙最高神）が降りてきた。そこから、還暦過ぎに開始された私の執筆活動は、「アジマリカン」を中心に据えるということで、方針が定まった。

このように、私の公的活動は「アジマリカン」の一念から開始されたのであり、それ以外のものではない。私が伝えようとしている中心内容は「アジマリカンを唱えれば神になる」ということであり、執筆や講演等のすべての活動の原点は「アジマリカン」なのである。

私は最近『日本建国の秘密』という、二冊で一組の作品を出版した。それは、「アジマリカン」なる言葉が日本建国に密接に関わるコトタマであるという事情によるものだ。つまり、日本建国という出来事を解明すれば、「アジマリカン」という言葉（＝とどめの神）が生まれた「人時所」が特定されるという結果を生む。人時所は以下の通りである。

人：アメノヒボコ（別名はツヌガアラシト、武内宿禰、タラシヒコ、住吉大神、等々多数あり。関裕二史観より明らか）
時：日本建国直前（西暦200年頃）
所：敦賀（＝氣比神宮の土公で、当時は氣比の浦と呼ばれた）

とどめの神は、歴史上初めて、氣比神宮・土公の地に顕現したのだ。「アジマリカン」の響きに乗って働かれる神こそが「とどめの神」だったのである。

◎イスラエルではなく日本こそが中心

日本建国とは、とどめの神「アジマリカン」が降臨したという出来事である。

特に留意していただきたいのは、「イスラエル（＝ユダヤ）ではなく日本」という事実である。そもそも、ヤコブ＝イスラエルは霊として日本に流入したのだ。一つの霊的実体が、ヤコブ、アメノヒボコ、私として生まれ変わっているのだ（どなたか私の前世を読んでください）。日本建国時にイスラエルが縄文日本に合体した。式で表わせば「日本列島（縄文文明）＋イスラエル＝日本国」で

ツヌガアラシト像(敦賀駅前)

ある。

現時点ではそういうことは証明不可能だが、物語としての筋は通っている。拙著『日本建国の秘密 ヤコブ編』とは、そういう物語なのだ。私の「イスラエル体験」には、霊の生まれ変わり（＝輪廻転生）という背景があったのである。普通に考えればかなり危ない話なのだが、当たり前の出来事のように語っている。

どうしてヤコブ（＝イスラエル）は極東に生まれ変わってくる必要があったのか？

これは聖書の神を否定するためである。ユダヤ教、キリスト教、イスラム教、共通の聖地はエルサレムに存在するが、実は、その地は聖地などではないのだ。宗教どうし、民族どうしが果てしない争いを続けているエルサレムを聖地と呼ぶのは当事者の自由である。だが、私から見れば、現在のエルサレムは最悪の地（The Worst Place）でしかない。本当の聖地は日本にあるのだ。これは、斎藤以外の誰からも認識されていない事実なのだが、本当の聖地とは敦賀市氣比神宮の土公なのだ。氣比神宮の土公は聖地＝地球の中心なのである。

氣比神宮の土公：アジマリカンが初めて降臨した地。世界の中心。

氣比神宮のホームページ（<https://kehijingu.jp/map/keidai_18.html>）では、土公について以下のように説明している。

【土公（どこう）】

氣比神宮境内全域11，253坪（37，200㎡）。天筒山《てづつやま》の方角、神宮北東部に残る「土公」は氣比大神降臨の地とされ当神宮鎮座にかかる聖地である。社殿家屋建立の時、「この土砂を其の地に撒けば悪しき神の祟りなし」と信ぜられる伝説と神秘に富む神代の述霊《じゅつれい》（ママ。意味不明）。古い時代における多くの祭祀の形態は神籬磐境《ひもろぎいわさか》と呼ばれ、大きな岩を中心とした山での祭祀、大木を中心とした森での祭祀など自然の形を損なうことなく祭祀が営まれた。

仏教伝来による寺院建築の影響もあり、奈良時代から現代のような社殿を建て祭祀を行うように変化した。当神宮創祀は二千年以上の神代に遡り、当初は現在の土公の地で祭神を祀ったと云うが、大宝2年（702年）朝廷御関係の神々を合祀、現在のような社殿の元が建立され祭祀がなされた。御社殿建立後も土公は当神宮の古殿地として手厚く護られ、平安時代の名僧伝教大師最澄、弘法大師空海は当大神に求法の祈誓をかけこの土公前で7日7夜の大行を修したと伝えられる。

上記引用文中の「氣比大神」とは、その地で土公祭祀を行った都怒我阿羅斯等《つぬがあらしと》（通称アメノヒボコ）本人を意味している。「アジマリカン」のコトタマは土公の地でツヌガアラシトに天降ったのである。氣比神宮・土公こそが日本建国の地として顕彰されるべきであり、その地に「アジマリカン」のコトタマが天降った。この認識は私の直観であり、動かすことはできないのである。

次に問題となるのは、日本建国と世界史の関係である。現在という時点から遡って考えることによって、初めて日本建国が世界史の上で占める位置というものが見えてくる。

どうして、日本建国から世界史まで見通さなければならないのか。それには次のような明確な理由が存在する。

大神呪「アジマリカン」＝「とどめの神」は、地球世界全体を救うコトタマだからだ。「『アジマリカン』は『とどめの神』のコトタマ」だという仮説から、私論は始まっている。だから、世界史も考慮に入れなければならないのである。

とどめの神は大神呪「アジマリカン」の響きに乗ってお働きになる。大本の出口王仁三郎は『霊界物語』の「第三五章　一輪の秘密」で、「いずれも世界の終末に際し、世界改造のため大神の御使用になる珍《うず》の御宝《みたから》である。しかして之を使用さるる御神業がすなはち一輪の秘密である」と語る。大神とは国常立尊（＝地球神）を意味している。「珍の御宝」が一体どういうものなのかはよく分からないし、神宝は三個存在するようである。そのうちのひとつが大神呪「アジマリカン」であると先ずは考えた。

ここで、アジマリカン奉唱時のエネルギー場には、陽・陰の渦巻きが描かれていたことを思い出していただきたい。つまり、珍の御宝とは渦の御宝である。アジマリカンのエネルギーが渦巻くことによって、世界改造が行われる。実際のところ、珍の御宝とは大神呪「アジマリカン」一つだけであると考え直した。「アジマリカン」には浄化の働きと創造の働きが備わっており、オールマイティだからだ。世界改造に必要な一切のエネルギーが大神呪「アジマリカン」より発現すると考えられるからである。

次に世界改造の結果として、どういう世界がもたらされるのかを検討しよう。

◎世界史上の日本建国の意味

筆者がここで焦点を合わせようとしているのは、「地球世界には中心が存在する」という命題だ。

「『アジマリカン』がとどめの神である」という仮説から、世界史における日本建国の意味が判明する。

この仮説より、日本国は神の国であり、世界の中心となる国であることが導き出される。なぜなら、「アジマリカン＝とどめの神＝最高神＝中心の神」だからである。中心の神が降臨した国こそが日本国なので、日本国は自ずから世界の中心の国であるという認識が導き出されるのである。これは論理の遊びではなく、神の世界の事実である。

大神呪「アジマリカン」が降臨した日本国は、最高神の国なのである。とどめの神は見えないので、とどめの神が中心かどうかの判定は直感に従えばよい。最高神の国である日本が、周辺の一国であるはずがない。中心が形に表われる時は、日本列島という島国がその国となるのだ。

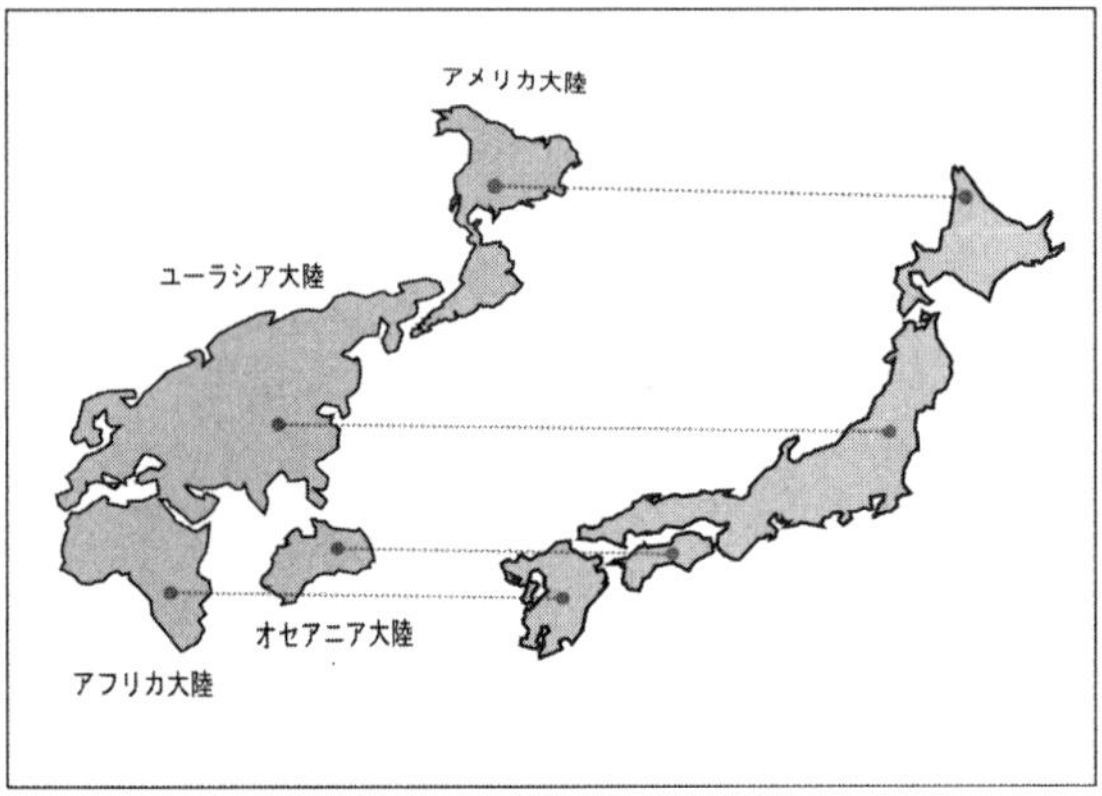

日本は世界の雛形（概念図）

図は世界の雛形としての日本列島を示すものだ。アメリカ大陸を北海道に見立てるところがミソで、これを最初に気が付いた人はエライと思ったが、かなり強引な話だ。地球はそのようにデザインされているようだ。雰囲気として捉えられたい

最高神は宇宙に遍満する神であるから、あらゆるところに存在する。だが、最高神が国として形を取れば、具体的な一つの場所（＝国）になるしかない。その国が日本である、という意味になる。この「日本は世界の中心国」という命題も、世界地図を見ただけでは分からない。

感覚的に言えば、どうして日本が世界の中心なのか分かりづらい。だが、霊的に見れば、日本は世界の中心国として設計されているのである。「霊的に見れば」の意味は、地球という惑星にも国々の配置に関する

設計理念が存在するということなのだ。この設計理念は神の世界に存在しているもので、直観によって認識される。

「設計理念」という言葉は、私がシステムエンジニアであるからこその表現である。大神呪「アジマリカン」の音感解析結果からも分かるように、偉大なる設計者＝見えざる神が、日本国も日本語も「アジマリカン」も地球世界もデザインされたのである。

日本建国という出来事を研究していると、神の見えざる手によって導かれたという実感が、日増しに強くなってくる。考えれば考えるほど、日本という国が、地球世界の中心として発祥した国であると実感されるのである。

渦の御宝「アジマリカン」は、日本建国時に天降った神宝である。大神が渦の御宝を使って世界を改造するというのは、「世界の中心国・日本におられる一人の天皇（＝世界天皇）が全地上を治められる」という意味になる。

一厘の仕組のゴールは、「地球全体が日本になる」という結果として現われる。天理教の中山みき教祖のお筆先「今までは唐や日本と云《い》うたれど、これから先は日本ばかりや」「日本見よ、小さき国と思えども根があらわれたら恐れ入るぞよ」は、この地球全体が日本一国となることを言っている。

これは、そのようにしかならないのである。やがて、人類がそういう世界を希求することが目に見えているからだ。世界が一人の王＝世界天皇によって丸く治められるようにならない限り、世界に平和はもたらされない。これは極めて簡単な人類の未来図であるが、人類もそういう簡単なことが分かるだけの経験を積んできたのではないか。一厘の仕組とは、人類が争いに満ちた歴史から何かを学んで、「みんなお隣さんだから仲良くしよう」と思い直し、実際に仲良くなるまでの物語である。そのための最終兵器こそが大神呪「アジマリカン」である、というのが私の考えである。

後述の「アジマリカンvsトホカミエミタメ」や「世界史上の日本建国の意味」より、この地球世界を設計した設計者がいるのではないかというところまで想定した。これはあくまでも類推に基づく結論の推定に過ぎない。だが、そのような想定をしなければ、我々の住む地球世界のあるべき姿を描き出すことは困難である。

人類が総体として仲良くしようと本気で願うようになるまでには、今しばらくの時間が必要である。その間、渦の御宝「アジマリカン」は世界を浄化し続けるのである。

アジマリカンは神のコトバである

◎アジマリカン＝願いを叶える言葉

アジマリカンを唱えれば「願いが叶う」というのが、基本的な性質である。これは、アジマリカンという音が創造エネルギーそのものであるというところに由来する。

後述する「結びの働き」や「造化三神の音声的表現」のところで詳しく説明するが、とにかくどんな願いでも叶えられるという性質がある。

私の思想的な傾向から「アジマリカン＝神」という論理を導き出してはいるが、それとは関係なく「アジマリカン＝創造エネルギー」なので、アジマリカンを唱えながら想像（思念）したことが現実化する。だか

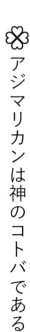

ら、アジマリカンを唱えた人の立場で、以下のように望ましいことが起きてくるのだ。

・自動車を運転している時、道路が混雑していて間に合いそうもないのに間に合った。
・欲しいものがあってお金がない時に、必要なだけのお金が入ってきた。
・曇っている時にベランダに出ると、いつも晴れる。
・職場に嫌な人がいて辛い時に、新しい仕事が入って楽しい職場になった。
・リンゴが食べたくなった時に、友達がリンゴを持って遊びに来た。
・長年苦しんでいた持病が治った。
・日常生活で何でも調子よく事が運ぶ。

ただし、「望ましいこと」が何かは一人一人違うので、望む人の気持ち次第、内容次第ということになる。何を望んでも叶うかどうかであるが、望みというのは心の向かう対象なので、悪いことを望んでも叶うかどうかは実験したことがない。

心というものは良いことも悪いことも入れることができるし、自分で制御できない要素も多い。だから、思ったようになったりならなかったり、何でも簡単にとはいかない世界でもある。その辺りは微妙なところがあるので、自分を知るということも必要となることを理解されたい。

すぐに何か良いことが起きたりすることもあるが、そんな簡単にはいかないケースもあり得る。その意味で、アジマリカンは魔法の杖ではない。自他共に良くなることを常に心がけていれば、その願いに沿ってアジマリカン（宇宙の創造エネルギー）が働くだろう、ということを自戒を込めてお伝えしたい。

◎アジマリカン=そのものズバリの神

前章で、私のアジマリカン体験で感じたものを「そのものズバリの神」と表現したが、これは皮膚感覚で感じた波動を「神だ!」と思っていたからだ。これは私の直観であるが、従来感じることができなかった何らかの存在を、私は無条件で「神」と呼んだ。だが、私のその認識は果たして正しいかどうかが肝心である。自分でそれを勝手に「神」と呼んでいるだけで、その正体が実は悪霊だったりしたら笑えない体験だということになる。

そこで必要となるのは、その「神」が本物かどうか、真正な存在かどうかを確認することだ。この種の神秘体験において必要なのは、審神《さにわ》(=降りてきた霊存在の正体を見極めること)である。私のように、自身の神秘体験をあからさまに語る著作は意外に少ない。だから、「斎藤という男が『自分に神が降りた』などと突拍子もないことを言っている」と感じる読者が出てくることは避けられない。

事実、そういうことが起きてしまった。拙著『すべてがひっくり返る』(ヒカルランド、2018年)という作品が、普通の出版社(ヒカルランド)から販売された時に、Amazonの該当ホームページにそういうコメントが付いてしまい、ちょっと焦ったことがある。「ひどい内容だ。出版社はサニワしないのか?」というものだ。作品の中のどこが悪いのかという具体的な指摘がなくて、ただ拙著を非難するコメントである。

こういう読者はどこにでもいるようだ。すべての読者の気に入るような本を書くことは至難の業であり、事実上は不可能だ。筆者のような新人(いい年だが)が作品を公に出版する時は常に、内容を批判されるという覚悟が必要だという痛い事例となった。

私が自身の体験を明らかにするのは審神《さにわ》を期待しているからである。知人にプロ級の審神がいれば、間違いの少ない作品を世に問うこともある程度は可能だろう。だが、私のように技術者として何十年も働いてきた人間には、霊能者の知人がいないし、出版関係の知り合いもいない。だから、本を出す前に審神することは不可能に近い。

ここからが本題である。私が「神だ!」と認識した存在が真正のものかどうかを見極めなければならない。実際のところ、「アジマリカン」を念じた結果として、一体何モノが降臨したのであろうか?「アジマリカン」で降臨する神の正体こそが、大いなる問題である。

◎アジマリカン=とどめの神のコトタマ

前述の「出版社はサニワしないのか?」というコメントに対して、本論で反論しておこう。

ここでハッキリさせたい論点は「アジマリカンの正体」である。その正体が決定されれば、筆者の正体も明確になると思うのである。拙著『すべてがひっくり返る』では、アジマリカンのことを「とどめの神のコトタマ」であると結論している。

とどめの神の定義であるが、最後の最後にとどめを刺す神=最高神である、と言っている。そして結果的に「一切の宗教にとどめを刺す」、すなわち、「一切の宗教は役目を果たしてなくなる」ということも語っている。

その意味では、斎藤は「とどめの神」を世の中に広める「とどめの神の伝達者」だということになる。「とどめの神が斎藤に降臨した」というところが、Amazonで拙著にコメントをつけた人物が引っかかったところではなかろうか。

おまけに、精神世界分野では、今でも人気の高い出口王仁三郎を「最後までとどめの神が降りなかった」

人物としている。同著で特に王仁三郎を批判しているつもりはない。だが、とどめの神を体現しなかったという私見を述べている。その辺りも引っかかるところかも知れない。出口王仁三郎には「アジマリカン」というとどめの神が降りなかったので、論理的帰結として師は最後の救世主ではないということになる。師の信奉者であれば、ムッとする可能性はある。

そのようなことが、読者の「サニワしないのか？」コメントに繋がっているのではなかろうか。作者としては「そういう言いにくいことを言って欲しかった」と思うのだが、具体的な指摘が全くないので反論もできない。何ともスッキリしないコメントだったので、困惑したのである。「人の本に意見を言いたいなら、『サニワ』などという言葉を使わずに具体的に指摘せよ」と言っておこう。

◎アジマリカン＝天皇行法の中核

私の「アジマリカン体験」とは、神の体験に他ならない。それまで誰も「アジマリカン」という言葉の意味を解いた人物は出てきていなかったのだ。だが、山蔭神道という古神道の一団体では、事ある毎に大神呪「アジマリカン」を称《とな》えるという。「アジマリカン」は秘密のヴェールの奥に隠されていた言葉なのだ。

山蔭神道の前管長・山蔭基央師（故人）が、その著作『神道の生き方　古神道の思考と実践』の中で「大神呪『アジマリカン』を唱えよ」と語っていることが、「アジマリカン」の正体が真正のものであることを証《あか》している。

「アジマリカン」の表記には片仮名と平仮名の二種類があるが、特別な意味合いはない。見た目のことをいえば、「あじまりかん」の方が柔らかい感じがするが、発声（または発念）すれば全く同じであるから、仮名の種類については神経質にならなくてもよい。山蔭神道後継者の表博耀氏は「アチマリカム」という古語表記を使われているが、本文中では「アジマリカン」で統一する。

ここで、天皇行法とは山陰神道に伝わる、大神呪「アジマリカン」なる呪言《じゅごん》の奉唱と、「自霊拝」という、二種類の修行方法を併《あわ》せたものであることを頭に入れて置いていただきたい。何しろ、応神天皇の時代から「アジマリカン」が伝承されているのだ。佐藤博士の『日本とはどんな国』P.74に「天皇行法」についての次の既述がある。

佐藤定吉（1887-1960）

『天皇行法』は、皇祖天照大神の当初から伝えられ。初代天皇以来歴代の天皇が、身をもって御親裁遊ばされた秘法である。『すめらみこと』（天皇）とは、この行法を身をもって修正し、その行法の『いのち』が、御身の中にincarnateなされた御方をいうのであった。

すなわち、天皇の御資格は、この行法の修行完了にある。この行法修行によって、天皇の位格が定まった。それほどに重大かつ神秘のものであるから、これを厳秘《げんぴ》中の厳秘として保有されたものであろう。

ところが、応神天皇の時代にいたり、内外多端のため、天皇御親裁ではことを欠くことが多く、側近のうちより霊能ゆたかな臣下を選んで、その行法を司《つかさ》どらしめ、研鑽を積ましめた。

その司の家筋が、当時から今日まで約一千六百年にわたって存続し、七十九代相続している。この家筋の人々は、天皇の背後にあって、専心その道を修行し。たえず天皇に奉仕し奉った。天皇の蔭に侍して、奉行申し上げるから、その『天皇行法』のことを、別名では『天皇神道』または『山陰神道』と称している。

『山』とは天皇の御事、『蔭』とは、その背後に侍ることである。長年にわたる研鑽の記録は、これを禁書秘録と称して、天皇とその司の外には、誰人も見ることが厳禁されて、今日にいたっている。

しかるに、日本の国家にとっても、ついにこれを世界に公表すべき『天の時』が到来し、日本の有史以来、民草も始めてこれを知ることができるようになった。

佐藤博士の以上のレポートからも、今までずっと「アジマリカン」が唱え続けられたことは疑いのない事実である。山蔭神道は天皇行法を守り伝えるために約千六百年存続しているということだが、最近ではあまりアジマリカンのことを言わないようだ。山蔭基央師から佐藤定吉博士に「天皇行法の公開」に関する話があった時点で、アジマリカンは山蔭神道から独立して自身の歩みを開始したということかも知れない。

◎アジマリカン vs トホカミエミタメ

大神呪と呼ばれる呪言は「アジマリカン」だけではない。「トホカミエミタメ（トホカミエヒタメ）」も大神呪と呼ばれているが、「アジマリカン」とどこが違うのだろう。大神呪には「大神《おおかみ》」という文字が入っているが、それだけならば「トホカミエミタメ」も同様である。だが、両者には本質的な違いがあるはずだ。両者の違いは実際に称えた時の音感からも明らかである。

まずは、「アジマリカン」を実際に称えた時の音感である。

1．「アジマリカン」には明瞭なリズム（「アジ」・「マリ」・「カン」の三拍子）がある。この三拍子とはワルツのリズムである。

2．「アジマリカン」には明るい響きがある。「ア」の母音が三つもある。陽性。
3．「アジマリカン」には動きがある。「リ」の音が回転感覚をもたらす。
4．「アジマリカン」は繰り返し称えることが前提となっている。
5．「アジマリカン」にはレーザー光線のような強い指向性がある。

同じように、「トホカミエミタメ」固有の音感を列挙してみよう。

①「トホカミエミタメ」のリズムは「トホカミ」・「エミタメ」の二拍子であると感じる。柱時計の振り子のリズム。「トホ」・「カミ」・「エミ」・「タメ」の四拍子という捉え方もある。
②「トホカミエミタメ」にはじわっとした響きがあるが、「薄明」の明るさである。
③「トホカミエミタメ」は音としての動きが少なく、籠もった感じがする。陰性。
④「トホカミエミタメ」を唱えると「トホカミ」が終わったところで引っかかる。繰り返し唱えることが難しい。
⑤「トホカミエミタメ」には「カミ」の音が含まれる割には、あまり「神」を感じない。「アジマリカン」と比較すれば優しい感じがする。やや女性的な響きである。

以上のような分析結果から見れば、大神呪「アジマリカン」には、最初から明確な設計目標があったことが想定される。「アジマリカン」の設計目標とは、次の通りである。

「強く明るく調子よく『神力《しんりき》』を発動させる」

この設計目標は、システムエンジニアとして「アジマリカン」という言葉をリバースエンジニアリング（＝設計思想の抽出）した結果である。「トホカミエミタメ」は女性的で優しい感じがするが、「アジマリカン」ほどの強さや明るさが感じられず、リズム感も乏しい。
もっとも、私がどんな解析結果を述べようが、それは私の個人的な感覚や体験から出てきたものであり、完全に証明されるような性質のものではない。言えるのは、「アジマリカン」に関して私が列挙した各々の特性は蓋然性が高いということである。故山蔭基央師は『神道の生き方』の中で、次のようなことを語る。

山蔭神道に伝えられる大神呪「アジマリカン」を唱えると、神秘な奇跡が起こると言われている。山蔭神道では、神秘的な祈禱の際には、この大神呪が唱えられる。もちろん、毎日の祈りにも、鎮魂・瞑想のときでも唱えられるのである。

前掲著内で山蔭師は、「アジマリカン」を唱えて起きた奇跡の事例を、幾つも挙げておられる。「アジマリカン」が神秘の力を持ったコトタマであることは間違いがなかろう。だが、「この言葉は古伝であって、意味は不明である」（『神道の神秘　古神道の思想と行法』春秋社、２０００年）とも語っている。
佐藤博士は『日本とはどんな国』で、「『アジマリカン』とはヘブル語で『世の罪を負う祭司長』の意味である」と発表されている。だが、山蔭師は納得されなかった様子（前掲著P．79「いずれも正鵠を得ているとは思われない」）である。

◎アジマリカン＝結びの働き
本文に記述を移動したので割愛。

◎アジマリカン＝造化三神の音声的顕現
本文と重複するため、割愛。

◎アジマリカン＝神の渦巻きエネルギー
本文と重複するため、割愛。

弥勒世と異星人の関係

◎アジマリカンと異星人
ヒストリー・チャンネルで放映中の『古代の宇宙人』シリーズは、非常に面白い番組で、毎回欠かさず見ている。同番組は歴史以前の古代からの「人類文明のあり方」を教えてくれているからである。同番組の原題は〝Ancient Aliens〟で、主たるコンセプトは「古代に宇宙人が地球を訪れて人類文明の発展を導いた」というものだ。

プロメテウス・エンタテインメントがドキュメンタリー・スタイルで制作したこの番組は、２０２３年現在一五〇作以上制作されている長寿番組である。同番組は「古代宇宙飛行士説」を提唱し、史料・考古学・伝説には過去に人類が地球外知的生命体と接触した証拠が含まれていると主張している。

古代宇宙飛行士説で頻出する〝神々〟という表現には若干問題がある。問題とは、同番組に登場する「神々（gods）」という存在だ。番組製作者は、暗黙で「古代宇宙飛行士＝神々」と呼んでいる。「古代宇宙飛行士が神々として記録された」という考え方に暗黙的に含まれている「神々という存在」が大問題なである。

もっと分かり易く言えば、彼ら古代宇宙飛行士を「神々」と呼ぶこと自体が間違いの元なのである。

同番組のメイン・ホスト＝ジョルジョ・A・ツォカロス氏は、番組の中で度々「古代の人類は、古代の宇宙飛行士を神々と勘違いし、彼らの発達したテクノロジーを奇跡と勘違いした」と語っている。私もツォカロス氏の説には同意しているが、氏の説を正しく理解するには、氏が用いる「神」、「神々」という言葉の意味を明確にしておく必要がある。

問題は「神」という言葉の使い方だ。番組内で使われている「神」という言葉は、キリスト教世界では「全知全能の神（＝Ｇｏｄ）」という意味になっている。それが問題なのだ。古代の宇宙人は人類に似た生命体であって神ではない。よって、「神」という言葉は不用意に使うべきではない。

古代の人類は、彼らの持つ科学技術の力を「神の力」だと勘違いしたあげく、そういう力を振るう彼らを神と誤解したのだ。旧約聖書の神とはそのような存在である。彼ら古代の宇宙人については「神」と呼んではならない。常に「異星人」と呼ぶべきである。

『古代の宇宙人』という番組を見ていて常に思うのは、「西欧文明の起源は彼ら異星人がもたらした」という事実である。彼らがもたらした西欧文明は、極めて質が悪い。西欧文明とは要するに、「分割支配」、「物質主義」、「金権主義」という思想に基づいており、とっくに限界が来ている。

◎異星人が地球人類にもたらしたのは迷惑のみ

彼ら・古代の宇宙人が地球人に対してやったことは極めてお粗末なものだ。地球人類は全く彼らの支配を喜んでいないのである。金持ちが神となって、地球を勝手に利用するというものでしかない。古代の宇宙人のあり方は、現在のディープ・ステートと呼ばれる陰の勢力のあり方そのものである。

ツォカロス氏も、その点については全く気付いていない（あるいは、気付かないふりをしている）。氏は同番組の取材で日本にも来ているのだが、日本文明が西欧文明の対極にあることを全く学んでいない。西欧文明を疑っていないように見える。

旧・新を問わず聖書の神（Ｇｏｄ、ｇｏｄｓ）は異星人、または、観念の神に過ぎない。また、イエスひとりを神とするキリスト教も早晩消えてしまうものでしかない。聖書に登場するイエスは、最初から最後まで徹頭徹尾不自然な人間だ。本人が実際にはどういう人物だったかどうかに関わらず、イエスはキリスト教によって造られた存在（フィクション）でしかないのである。

私が最も神聖性を感じる神（正確には「神の顕現」）とは、大神呪「アジマリカン」というコトバである。「アジマリカン」なる神は、一切を包みこむ宇宙のようなコトタマなのだ。それは、『古代の宇宙人』に出てくる神々には似ていないし、キリスト教の神とは全く異なるし、自身を神として振る舞ったイエスという人物からは遙かに遠い本物の神である。

古神道には「一神即多神、多神即一神」という神認識の仕方がある。これは西欧的な神認識のあり方とは大きく異なっており、『古代の宇宙人』のホスト、ツォカロス氏も全くご存じではない。八百万《やおよろず》の神も一神から発しているという思想は、西欧人には全く理解できないらしい。その点が神道の分《わ》かり難《にく》さとなっているが、私たち日本人は感覚的に理解できるので、多くの説明は要しない。「一神即多神、多神即一神」という感じ方は自然なことだからである。日本的な神認識のあり方こそが世界平和の基盤となるのである。

◎現在地球に来ている異星人とは

彼ら・古代の宇宙人が地球人に対してやったことは極めてお粗末なものだ。地球人類は全く彼らの支配を喜んでいないのである。金持ちが神となって、地球を勝手に利用するというものでしかない。古代の宇宙人のあり方は、現在のＤＳ（ディープ・ステート）と呼ばれる陰の勢力のあり方そのものである。

カナダの元国防大臣ポール・ヘリヤー氏は、ＵＦＯ関連の具体的情報を明らかにした高い地位の人物として有名だ。政治の世界にいた高官だったということで、氏の話の信憑性も高く、次のような発言がしばしば引用される。

ポール・ヘリヤー(1923~2021)

アメリカや世界の未来にとって、非常に深刻な問題があります。私は、その問題を公に議論すべきだと考えました。率直に、知性的に。問題の一つは、アメリカが宇宙戦争を始める可能性です。そこで私は、ＵＦＯがふつうの飛行機と同じように実在していることを公表しました。

アメリカは長い間、最新のテクノロジーを使って新たな兵器を開発してきました。もし地球に接近するＵＦＯを制御できれば、他の国より有利な立場に立てます。そして、それを足掛かりにして、地球を支配できるのです。

レーガン大統領が提唱した「スターウォーズ計画」と呼ばれる戦略防衛構想は、地球外生命体からの攻撃に備えることができる規模だと思います。地球のならず者国家からの攻撃に、対処するものではないでしょう。入手できるすべての情報を読み解くと、他の国のミサイルではなく、ＵＦＯの攻撃からの防御が目的だったことがうかがえます。

ポール・ヘリアー氏の著作を探したが英語版しか存在しない。よって、引用の確実性はやや不足しているが、ネットをググれば同様の記事が散見される。

著名人である氏の発言は極めて大胆で勇気のあるものだが、非常に残念なことに、氏は既に亡くなっており、ヒストリーチャンネルの『古代の宇宙人』などの番組で遺影を見ることになるが、前述の発言に類する氏のメッセージに接することは可能である。

ヘリアー氏によれば、現在地球には少なくとも二種類の異星人が来ており、そのうちのある種族（グレイやトールホワイト）は主に米国で人間と共に働いているようだ。

もちろん、悪い異星人もいるらしいが、協力関係を築きたがっている善い宇宙人の存在は人類にとって希望となるものだ。

今後ヘリアー氏から新しい情報が得られることはなくなってしまった。そのことは残念だが、生前の氏の勇気ある発言を思い出して、冥福を祈りたい。

アジマリカンは聞こえる神

◎アジマリカンの正体とは

本論において私が伝えたかったのは、「『アジマリカン』というコトバが日本に保持されてきた」という事実と、「『アジマリカン』は人や国家が神となる方法論である」というメッセージである。

①「アジマリカン」という「神になるためのコトバ」が日本に存在する。
②「『アジマリカン』を念じて神になった」事例が存在する。
③私以外にも「アジマリカン」で神になった人がいる。

神が耳で聞こえる！？

２０２３年時点では、上記の三点を主張するだけで良しとしなければならない。私の中では①と②の両方とも事実として認識しているが、他人に正しく伝える術《すべ》は少ない。

本論の読者が自分自身で「アジマリカン」を唱えることによって、神の直接認識への道が開けるのである。

上記の②では、私自身を「アジマリカンで神になった」事例としているが、もちろん、自分の中でそのように感じているという話である。実際には、私以外にも多くの人が既に神になっているのではないかと想像しているのである。「人が神になる」というのは、その人の中の神＝直霊《なおひ》が表に出るという現象である。『日本とはどんな国』を残された佐藤定吉博士は、同著を読む限りでは、神になった事例としてよいと考えている。

直霊を持たない人はいない。「アジマリカン」を唱えれば直霊が表に出て、その結果、「自分は神であるという自覚」が出てくるのである。その時には、「アジマリカン」が自分の腹中に入り切りになったと感じる。つまり、自分とアジマリカンの区別が付かなくなる。そういう非常に不思議な「人から神へと切り替わる」体験が発生するのである。そういう方がボツボツ出現してもよい頃だ。本論を読まれて「自分は神に成った」と思われる方は是非声を上げて欲しい。あるいは、次に「アジマリカン」で神に成るのは貴方の番である。

本論の結論は、**「アジマリカンは聞こえる神である」**ということだ。見えない神を聞こえるようにしたコトバ。それが「アジマリカン」なのである。近い将来、渦の御宝・アジマリカンが世界に大旋風を巻き起こす（予定である）。

本論では、「アジマリカン」というコトタマについて縷々《るる》検討してきた。最後に、私が未解決、あるいは、要検討と判断したことについて、今後のために整理しておきたい。

◎アジマリカン＝コトタマ＝直霊＝内なる神

大神呪アジマリカンを唱えるという自力的行為によって、本当に神になれるのか自問自答する期間があったが、これは間違いのないことである。その行為は一見自力であるが、外から神の霊（＝直霊《なおひ》）が飛び込んでくるように観じられる。「アジマリカン＝コトタマ＝直霊＝内なる神」という等式が成り立っている。

この場合、アジマリカン行者たちが大神（親神）の器となる。アジマリカン行者が立ち上がらないでどうする。アジマリカン行者以外に世界改造できる人間はいない。人任せじゃ世界は絶対に良くならない。そのことを腹の底から分かってほしい。アジマリカンをやっているということは、そういう意味なのだ。貴方が世界を改造するのだ。

そういう近未来が来ることは間違いない。神人が一杯出て来ないと話にならないのである。そのためにこそ大神呪アジマリカンが存在する。神人が集まって知恵を出し合って企み事を進めるのである。

望むべき未来の地球をデザインしなければならない。それはそれは楽しい創造の時代がやってくるのだ。

聖書の黙示録を引き合いに出して、「破壊の後にキリストがやって来て千年王国を創造する」などということがまことしやかに語られる。だが、それはとんでもない嘘である。

「破壊じゃ駄目でしょう。不要物の廃棄でしょう」

そういうことなのだ。要らないものを整理するだけでよいのである。世間でそういう発想しか語られないのは、「みろくの世」がどんなものかまるで分かってないからである。とどめの神が表に出るとはそういうことなのだ。最初に要らないものを「アジマリカン」の浄化力で大掃除するのである。

本論の背景をより深く理解するには、拙著『日本建国の秘密　ヒボコ編』、『日本建国の秘密　ヤコブ編』、『アジマリカンの降臨』を参照されたい。これらの作品には、アジマリカンと日本の歴史との関係、アジマリカンと人類史の関係が語られている。人類史をスッキリと理解するには日本建国を理解するのが最も早道である。歴史や神の問題に興味のある方は是非挑戦していただきたい。

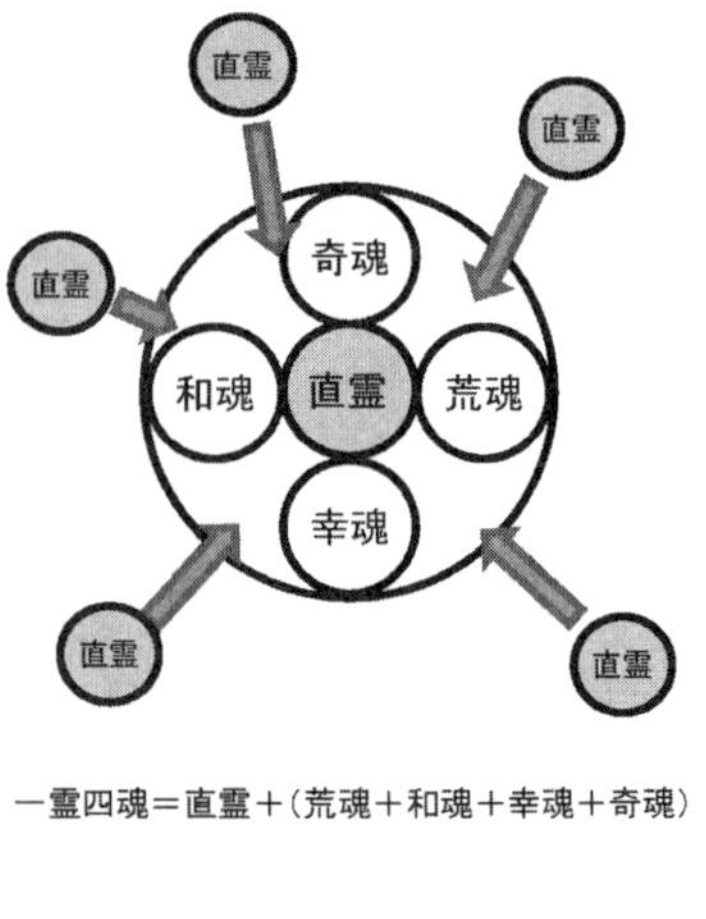

一霊四魂＝直霊＋（荒魂＋和魂＋幸魂＋奇魂）

参考文献

秋山眞人／布施泰和『Lシフト　スペース・ピープルの全真相』ナチュラルスピリット
秋山眞人『秋山眞人のスペース・ピープル交信全記録―UFO交信ノートを初公開』ナチュラルスピリット
秋山眞人／布施泰和『UFOと交信すればすべてが覚醒する』河出書房新社
作者不明『古事記』
斎藤敏一『あじまりかんの法則』クリエイトブックス（日本建国社）
斎藤敏一『アジマリカンの降臨』日本建国社
斎藤敏一『日本建国の秘密　ヒボコ編』銀河書籍（日本建国社）
斎藤敏一『日本建国の秘密　ヤコブ編』日本建国社
斎藤敏一『結び、愛国、地球維新』日本建国社
斎藤敏一『愛子天皇と地球維新』日本建国社
渡辺大起『オイカイワタチとは何か　宇宙からの黙示録』徳間書店
渡辺大起『宇宙船天空に満つる日』徳間書店
関祐二『聖徳太子は蘇我入鹿である』フットワーク出版
関祐二『新史論　書替えられた古代史　Ⅰ～Ⅵ』小学館
出口なお・出口王仁三郎『大本神諭』
岡本天明『日月神示』
浅川嘉富／ペトル・ホボット『UFO宇宙人アセンション』真実への完全ガイド』ヒカルランド
佐藤守『宇宙戦争を告げるUFO』講談社
上部一馬／佐野千遥／池田整治『シリウス：オリオン驚愕の100万年地球興亡史』ヒカルランド
上部一馬『日本上空を《ハーモニー宇宙艦隊》が防衛していた』ヒカルランド
ローレンス・R・スペンサー編『エイリアンインタビュー』ISBN 978-1-329-40891-3

作者不明『旧約聖書　創世記』
山蔭基央『一霊四魂』霞ヶ関書房
山蔭基央『神道の生き方 古神道の思考と実践』学研
山蔭基央『神道の神秘　古神道の思想と行法』春秋社
船瀬俊介『アメリカ不正選挙２０２０ 忘れてはいけない歴史記録』成甲書房
山中泉『アメリカの終わり』方丈社
山中泉『アメリカの崩壊』方丈社
キャンディス・オーウェンズ、我那覇真子訳『ブラックアウト』方丈社
スティーブン・M・グリア『非認可の世界 世界最大の秘密の暴露』ＶＯＩＣＥ
ケント・ギルバート『まだＧＨＱの洗脳に縛られている日本人』ＰＨＰ文庫

斎藤　敏一

あじまりかん行者。あじまりかん友の会主宰。日本建国社代表。神が分かる作家&元プログラマー。

一九五三年、福井県勝山市生まれ。一九七二年、神戸大学理学部物理学科入学と同時に神の探求を開始。大学卒業時に「見神体験」と同時に社会人となる。映像系技術者兼プログラマーとして研鑽後、独立プログラマーとして多くのソフト開発に従事。現在は執筆・講演等を通じて「あじまりかん」の普及を行う。

著作：『アジマリカンの降臨』（日本建国社）、『あじまりかんの法則』（クリエイトブックス）、『すべてがひっくり返る』（ヒカルランド）、『すべてがひっくり返る　続編』（ヒカルランド）。『日本建国の秘密　ヒボコ編』（銀河書籍）、『日本建国の秘密　ヤコブ編』（日本建国社）、『結び、愛国、地球維新』（日本建国社）、『愛子天皇と地球維新』（日本建国社）

メール　→ tomonokai@ajimarikan.conm

ホームページ → https://ajimarikan.com/

エイリアンから日本人へ
神世三剣UFOが最終戦争への勝利を告知した

2023年7月5日　初版第一刷発行

著　者　斎藤 敏一

発行人　斎藤 敏一

発行所　(有)日本建国社

〒252-0333　神奈川県相模原市南区東大沼4―11―10

TEL (042)712-3004

発売元　星雲社（共同出版・流通責任出版社）

〒112-0005　東京都文京区水道1丁目3番30号

TEL 03-3868-3275　FAX 03-3868-6588

印　刷　(有)ニシダ印刷製本

編　集　斎藤 敏一

装　丁　斎藤 敏一

ISBN 978-4-434-32422-2

定価はカバーに表示してあります。

あじまりかん友の会ご入会案内

機関誌『あじまりかん通信』を年６回(隔月)お送りします。
著者の最新の連載作品や活動状況などが掲載されます。

普通会員：年会費３，０００円
維持会員：年会費７，０００円
賛助会員：年会費１７，０００円以上

を下記口座にお振り込みください。

・振込先：郵便局 口座記号番号：00210-9-87379
　　　　　　　　 口座名称：アジマリカントモノカイ
・連絡先：〒252-0333 神奈川県相模原市南区東大沼4-11-10
　　　　　　　　　　あじまりかん友の会　斎藤敏一
　MAIL tomonokai@ajimarikan.com
　TEL　042-712-3004

<ホームページからも本の購入・入会ができます>
・本の購入は→　https://ajimarikan.com/books/
・ご入会は　→　https://ajimarikan.com/about_membership/

★金額は変更の可能性があります。ホームページでご確認ください。

「古代宇宙飛行士説」の先にあるもの

今号の人物評伝では、「古代宇宙飛行士説」の論者であるエーリッヒ・フォン・デニケン氏とジョルジョ・A・ツォカロス氏を取り上げたが、彼らの主張に関して一言物申したい。

彼らの「人類史上の古代または超古代に宇宙人が地球に飛来し、人間を創造し、超古代文明を授けた」という説に対して、筆者は一定の肯定的評価を与えている。その説の骨子は次のようなものだ。

・巨大な考古学遺跡やオーパーツは、宇宙人の技術で作られた。
・宇宙人は、類人猿から人類を創った。
・世界各地に残る神話の神々は、宇宙人を神格化したもの。

確かに彼らが主張するような出来事は山ほどあったのだというのが、筆者の認識である。日本には、「縄文時代の日本列島にシュメールの神々（イナンナ、エンリル、その他の異星人たち）が来ていた」というはやし浩司氏の動画（YouTube「ハイレグ・パンティをはいた東北の女神様」を参照）も存在する。

この証拠はユダヤ人の帰化問題よりも重要な生きた神々（広い意味では人間）実在の証拠であり、今や海外にも追随する研究者が出てきているという。はやし氏の主張は至極妥当なものである。

さて、このような古代宇宙飛行士説の状況であるが、いささか筆者には不満がある。我々人類が古代に宇宙人の遺伝子を仕込まれたという話も納得できるのだが、それはあくまでも物質世界で起こったことでしかない。もっと重要な観点、すなわち「人間はそもそも宇宙創造神から分かれた霊的な生命体である」という観点が必要だ。その意味では、古事記等の日本神話に語られる国産み物語の方が正しいと言えよう。そして、「あじまりかん」には古代宇宙飛行士説以上の真実が秘められている。

……　あじまりかん通信第9号　巻頭言より